대중문화와 문학

대중문화와 문학

Popular Culture & Literature

이상금 · 원윤희 · 김경수 지음

교문사

머리말

최근이 아니라, 이미 가까운 과거가 되어버렸을 정도로 대중문화는 우리의 일상과 매우 밀접한 관계를 맺고 있다. 이제는 시민들의 삶에서 중요한 활력소가 되었으며, 그 역할과 기능이 매우 커질 정도로 세상도 많이 변했다. 나아가 글로벌 시대 소위 '한류Hallyu; Korean Wave'라는 한국의 대중문화가 아시아는 물론 문화 선진국인 유럽과 미주 지역까지 전파되고 있는 실정이다. 그만큼 오늘날 다중문화의 시대에 즈음하여 대중문화에 대한 폭넓은 이해가 교양시민으로서 갖추어야 할 자질이라고 말할 수 있게 되었다.

그러나 이러한 문화적 실상은 물론 대중문화의 개념, 장르 및 갖가지 현상에 대한 기본적인 이해 역시 여전히 미흡하며, 피상적이다. 그럴수록 21세기 초 현재를 살아가고 있는 우리에게 대중문화에 대한 올바른 이해는 필요조건에 속한다는 생각이다. 대중문화에 대한 다양한 해석과 함께 대중문화의 현실적인 기능과 역할을 다채롭게 이해할 수 있어야 한다. 그렇다면 오늘날 대중문화는 어떻게 생성되며, 그 모습은 어떤 것일까? 분명 단순한 모습으로 존재하진 않는다. 생성되는 방법도 다양하며, 전개되는 양상 또한 예측불허이다. 따라서 이전과 달리 문화의 생산자이자 소비자로서 스스로 참여하는 문화의 수용과 생산은 현대인들의 창의적인 삶을 이끄는 원동력이 될 것이다.

최근 눈부신 영상매체의 발달과 스마트 기기의 급속한 발전으로 인해 '읽기'보다는 '보기'에 더 익숙해진 요즘, 문학은 더 이상 읽혀지기가 힘들어지고 있다. 그럼에도 불구하고 문학의 힘은 여전하다. 예를 들면, 2010년에 출판된 박범신의 장편소설 『은교』가 2012년 영화 〈은교〉로 상영된 이후, 책의 판매부수가 크게 늘어 '스크린 셀러screen seller'가 되었다. 이외에도 외국소설을 원작으로 한 많은 영화들이 상영되고 박스 오피스에 오르면서, 역설적으로 다시금 원작이 더 많이 읽혀지는 현상이 나타나고 있다. 이는 문학의 함의를 상징적으로 대변하는 것이다. 오늘날 외형적으로 대중들의 관심에서 벗어난 많은 문학작품들이 영화뿐만 아니라 대중가요, 드라마와 같은 대중문화의 형태로 변용되면서부터 다시 대중들에게 다가서고 있다. 결국은 서사이자 콘텐츠가 핵심이다.

지난 몇 년간 대학에서 교양과목으로 '대중문화와 문학'의 역학관계에 대한 강의를 하면서 느낀 점은 문화가 오히려 새삼스럽다는 점이다. 한 해가 다르게 빠르게 변화하는 대중문화의 양상을 실감할 수 있었다. 고정되는 것은 하나도 없었다. 확신할 수 있는 것은 대중문화와 문학의 관계가 지속적으로 이어지고 있으며, 그 형태가 변형되더라도 문학이라는 기본적인 틀 속에서 많은 대중문화들이 생성, 발전되어 왔다는 것이다. 이러한 내용들을 바탕으로 '문화'를 일반인들이 쉽게 받아들일 수 있도록 간추려 보았다. 무척이나 넓은 또는 그 경계가 애매한 대상과 범위는 물론, 독자성과 고유성을 각각 자체적으로 지닌 다양한 문화의 속성을 읽어낼 수 있도록 도움을 주었으면 한다.

본서는 '문화란 무엇인가', '문화이론과 문화주의', '대중문화와 문학',

'대중문화의 대응력과 가능성', '대중문화로서 한류' 등으로 구성되어 있다. 문화에 대한 새로운 시각과 수용, 대중문화의 미학적 근거, 문화산업, 대중문화와 지배이데올로기, 문화와 문학의 역학관계에 대한 올바른 이해가 핵심이다. 구체적으로는 대중문화의 성립과 흐름 가운데 문학의 문화로의 변용에 주목하여 그 변화양상을 파악하고자 하였고, 나아가 전망과 새로운 가능성을 위한 문학의 잠재력을 가늠하고자 한다. 덧붙여 한류의 장르에서 '드라마', '영화', '케이팝', '게임'과 '만화' 등 문화적 실체를 제대로 이해하는 것 역시 같은 맥락에서 다루었다. 동시에 한국문화의 대외성을 확인하기 위해 아시아와 유럽을 비롯하여 해외에서 한국의 대중문화가 어떻게 수용되는지, 나아가 오늘날 대중문화의 위상과 생존전략에 대해서도 점검하고 진단하였다.

구체적으로 먼저 1장 '문화란 무엇인가'에서는 일반적인 문화의 개념을 정의하고, '고급문화'와 '대중문화'의 개념과 그 차이가 무엇인가를 진단하였다.

2장 '문화이론과 문화주의'에서는 문화이론에 대해 간략한 정의와 더불어 기본적으로 문화개념에 대한 이해를 돕고자 한다. 이는 문화의 이해에 있어서 필수적인 인식이자 전제에 속하는 중요한 요인이기 때문이다.

3장 '대중문화와 문학'에서는 대중문화의 대표적인 형태인 '대중가요'와 '영화'를 통해 문학이 어떻게 변용되어 문화의 형태로 나타나는가를 살펴보았다. 또한 고전시가부터 현대 대중가요에 이르기까지 '노래'라는 형태가 변화되고 발전되어 온 양상과 더불어 문학이 어떻게 대중가요로 변용되었는지를 다루었다. 이어 '문학작품의 영화화'는 한국뿐만 아니라 아시아, 영미, 유럽의 문학작품들이 영화화된 실제 사례를 들어 소개하였다.

4장 '대중문화의 대응력과 가능성'에서는 SF소설, 만화, 웹툰 등의 영화화 또는 드라마화를 통하여 문화에서 또 다른 문화로 변용되는 실제 사례들이 실려 있다. 예를 들면, 허영만의 장편만화 『식객』이 영화와 드라마로 변용되면서부터 많은 만화의 원작들이 영화화되기 시작하였고, 만화의 또 다른 형태인 인터넷의 '웹툰'도 드라마화 또는 영화화되기 시작하였다는 내용이다. 강풀의 「26년」이 영화로 제작되었고, 윤태호의 「미생」이 드라마로 제작되면서부터 '웹툰'의 인기가 날로 높아지고 있는 실정이다. 이어 〈난타〉와 〈점프〉 등을 통해서는 한국의 전통문화를 재해석할 수 있는 계기가 주어지기를 바란다. 이러한 문화적인 현상과 새로운 흐름이 일반 대중에게 훨씬 쉽게 다가서면서, 동시에 한류의 중심에 서 있음을 낯설지 않게 인식하는 것이 중요하기 때문이다.

마지막 5장 '대중문화로서 한류'에서는 오늘날 '한류'가 어떻게 생성되었고, 현재에 이르기까지 어떠한 형태로 수용되고 전개되고 있는지를 다루었다. 아울러 한류의 대외성과 상대성을 확보하기 위해 아시아와 유럽을 중심으로 '대중가요', '영화', '드라마', '만화', '게임' 등을 조사하였다.

본서는 세 명의 저자가 공동으로 대학에서 강의한 자료를 중심으로 엮었다. 강의한 내용을 기본으로 하였기 때문에 글의 구성이나 내용에서 부족한 점이 많다. 또한 문화라는 테마가 아주 빠르게, 때론 다양하게 변화는 것이라서 이론과 실제에서도 충분하지 못하다는 점은 집필자들의 한계이기도 하다. 따라서 부족하거나 보충이 필요한 부분은 보완할 예정이며, 나아가 주제별 심화연구를 통한 대중문화와 문학에 대한 완성도를 높이는 작업은 계속될 것이다.

끝으로 대중문화를 정의하고, 진단한다는 것이 결코 쉽지 않았다. 더구나 책으로 엮기까지 어려움도 컸지만, 그간 노고에 대한 위로는 자신의 몫으로 남기고자 한다. 대신 이 자리를 빌어 책이 발간될 수 있도록 많은 수고를 아끼지 않은 출판사 교문사 담당자들께 진심으로 고마움을 전한다.

2015년 3월 초 이른 봄

금정산 기슭에서 이상금, 원윤희, 김경수

차례

CHAPTER 1

문화란 무엇인가

CHAPTER 1

문화란 무엇인가

1 문화의 정의

'문화'라는 용어는 라틴어 'cultūra<colere(cultiver)'에서 파생한 'culture, Kultur'를 번역한 말이다. 본래의 뜻은 경작耕作이나 재배栽培였으나, 나중에 교양은 물론 예술 등의 뜻을 가지게 되었다. 이는 모든 창작 행위의 총체, 즉 땅의 경작, 개간 내지 도시화를 의미한다. 또한 정신적인 영역과 예술과 종교의 영역도 포함하므로 넓은 의미의 문화라는 말은 무엇을 '보존하는 것' 또는 '경외하는 것'이라고도 표현할 수 있다. 그러나 인간이 존재하기 시작한 이후부터 문화는 항상 인간과 같이 있어 왔다. 인간 역사의 초기 문화는 불의 사용이나 그릇의 제작, 음식의 준비과정에서 공동생활, 집과 연장, 미술과 장례의식, 축제, 신에 대한 제사 등에서 그 모습을 볼 수 있다. 즉 문화란 다르게 표현하면 어떤 형태로 나타난 인간의 표현 또는 인간생활의 질서 속에 표현된 것이라고 할 수 있다.

최근 하버드 비즈니스 스쿨Harvard Business School의 푸니어Susan Fournier 교수는 "가장 짧은 패션 사이클은 '바람fad', 1년쯤 지속적인 패션을 보이면 '유행fashion', 1~3년 정도 일정기간 동안 지속되면 '경향trend', 그리고 3년 이상 지속되면 '문화culture'라 할 수 있다"라고 문화의 개념을 시기를 중심으로 구분하기도 하였다.

반면, 국어사전에서는 문화를 세 가지 의미로 정의하고 있다. 첫째, 문화는 자연 상태에서 벗어나 일정한 목적 또는 생활 이상을 실현하고자 사회 구성원에 의하여 습득, 공유, 전달되는 행동 양식이나 생활 양식의 과정 및 그 과정에서 이룩하여 낸 물질적, 정신적 소득을 통틀어 이르는 말로써 의식주를 비롯하여 언어, 풍습, 종교, 학문, 예술, 따위를 모두 포함한다. 둘째, 문화는 권력이나 형벌보다는 문덕文德으로 백성을 가르쳐 인도하는 일이다. 셋째, 문화는 학문을 통하여 사람들의 인지人智가 깨어 밝게 되는 것이다.

영국의 인류학자 타일러Edward Burnett Tylor는 저서 『원시문화Primitive Culture』(1871)에서 문화란 "지식, 신앙, 예술, 도덕, 법률, 관습 등 인간이 사회의 구성원으로서 획득한 능력 또는 습관의 총체"라고 정의를 내렸다. 그리고 부르크하르트Jacob Christopher Burckhardt는 "문화는 물질적 생활과 정신적, 도덕적인 생활을 영위해 나가기 위하여 즉흥적으로 생겨나는 모든 것, 모든 흥겨운 감정, 기술, 예술, 시(문학), 그리고 학문의 총체"라고 하였다. 그는 또한 문화는 개인의 영역을 벗어나 조직이나 습관 또는 개별의 생활양식이 어느 정

타일러

도 일반화되었을 때라야 비로소 문화라고 칭할 수 있다고 하였다.

일반적인 의미의 문화는 첫째, 구미풍歐美風의 요소나 현대적 편리성(문화생활, 문화주택 등), 둘째, 교양과 깊은 지식, 세련된 생활, 우아함, 예술풍의 요소(문화인, 문화재, 문화국가 등), 셋째, 인류의 가치적 소산으로서의 철학, 종교, 예술, 과학 등을 가리킨다. 이 경우에는 독일의 철학이나 사회학에 전통을 두고 있는 정의이며, 인류의 물질적인 소산을 문명이라 부르고 문화와 문명을 구별하고 있다. 독일어권에서는 아직도 문화文化와 문명文明; Kultur und Zivilisation을 구별하고 있다. 문명은 기술의 발전과 그 발전의 결과로 기술이 현대 국가의 인간다운 공동생활에 끼친 영향을 이야기한다. 반면, 문화는 좀 더 포괄적인 개념이다. 현대사회에서는 문화를 예술이나 학문의 독립된 영역으로 보기도 하지만 나아가서 경제적, 사회적, 정치적인 과정도 문화에 속한다고 할 수 있다. 첫 번째와 두 번째의 경우에는 문화가 없는 인류가 과거에 존재하였고, 현재도 존재하고 있다는 것이다. 그러나 현재의 사회과학, 특히 문화인류학에서는 미개와 문명을 가리지 않고, 모든 인류가 문화를 소유하며 인류만이 문화를 가진다고 생각한다. 여기에서 문화란 인류에서만 볼 수 있는 사유思惟, 행동의 양식(생활방식) 중에서 유전에 의하는 것이 아니라, 학습에 의해서 소속하는 사회(협동을 학습한 사람들의 집단)로부터 습득하고, 전달받은 것 전체를 포괄하는 총칭이라고 할 수 있다.

사람들은 인간 스스로의 능력을 높이 평가하기 위해서 자주 문화의 개념을 자연과 구별해왔다. 문화는 움직이는 세계이며 자유의 세계이나, 강제로 인정을 받기 위하여 우주적일 필요는 없다. 근세에는 이 두 개념, 즉 자연과 문화에 대해서 문화철학Kulturphilosophie이 생겨나서 오늘날까지 많은 연구가 되고 있다. 문화, 예술적인 관점에 결정적인 것은 인간이 미래 개념을 위해 노력한다는 점이다. 인간은 자기의 사고와 작업과 행동을 통해서만 비로소 역사적으로 중요한 공동체의 존재로 출현한다. 그래서 한 나라의 문화는 역사적으로만 이해가 가능하게 된다.

역사가 지남에 따라 많은 것은 종적 없이 사라져 버렸고, 반대로 오랫동안 잊혀진 이후에 다시 나타나 생생하게 재현되는 것도 적지 않다. 중세 때의 세계상에서 결정적 영향을 받은 것이 있는가 하면, 종교개혁 시대나 계몽주의 시대의 자유가 영향을 끼친 것도 있다. 오늘날 같이 민주주의가 중요한 시대뿐만 아니라, 문화를 생산하고 사라지게 한 역사도 우리에게 큰 의미가 있다. 문화나 문화사를 연구하면서, 우리가 의식해야 되는 것은 역사적인 사실을 아는 것만이 중요한 것이 아니다. 문화, 역사적인 사실이 현재 우리의 생활상에 얼마나 많은 영향을 끼치는지를 아는 것이 더 중요하다.

2
고급문화와 대중문화

문학과 예술을 창조하고 수용하는 것은 결국 인간의 감각에 기초할 수밖에 없다. 그러나 장르의 한계로 인해 문학과 예술은 인간의 오감 가운데 주로 시각과 청각에 의존하는 형태를 취해왔다. 물론 문학적인 형상이나 예술적인 미의 구현은 복잡한 소통과정을 내포하고 있지만, 핵심은 인간의 감각에 호소한다는 점이다. 즉 시각과 청각에 의존하는 비율이 어느 정도 차이가 나거나, 어느 정도 중복되거나, 때론 상호보완적 또는 상호배타적일 수 있다. 그러나 일관된 어느 하나의 관점에 의해 문학과 예술이 결국 생산 및 수용된다는 것이다.

서구문학과 예술의 전통에서 보면, '시각적 표현'은 '말의 표현'에 비해 열등할 뿐만 아니라, 부당한 대접을 받아왔다고 할 수 있다. 쉽게 말해서 고급문화와 예술은 언어로 드러나고, 저급문화와 예술은 시각을 자극하기 때문이다. 물론 '글의 표현'인 문학도 있지만, 여기서는 예술과의 연계성을 고려한 예로 서술의 범위를 연극과 영화에 한정시켜 보겠다. 먼저 고급문화라 할 수 있는 연극의 경우 '귀'의 세계로 집중되어 있다. 연극은 음성중심주의적 예술장르로서 예술적 우월성을 지녔다는 인식이다. 반면, '눈'의 세계를 지향하는 영화는 하위문화로서 대중문화의 세계로 향해 있다는 인식이다. 이러한 인식의 근저에는 말과 글이 갖는 논리와 합리를 우선해 온 서구의 전통적인 사고방식이 깔려 있다. 그리고 음성언어는 기본적으로 선형성을 띤다는 점에도 주목할 필요가 있다. 선형성은 앞과 뒤의 관계, 즉 인과관계의 질서로 인간의 인식을 이끈다고 보았다. 그것은 다름 아닌 이성의 질서 그 자체이다. 헤겔이 음성언어인 알파벳을 그 자체로 가장 지성적인 것이라고 주장한 이유도 거기에 있다.

언어를 강조하는 문화적 음성중심주의는 이성적 중심주의와 쉽게 연결된다. 이성적 중심주의는 성찰하고 반성하는 인식론이다. 언어 속에는 자기 반성장치가 내장되어 있다는 인식에서 비롯된 것이다. 그래서 언어매체의 예술장르는 대체로 성찰하고 반성하는 가운데, 본질적 의미를 드러내는 데 중심이 놓인다. 연극도 예외일 수는 없다. 반면, 모자이크적인 인식을 강조하는, 이미지로 표현하는 영화는 감성중심주의적 장르이다. 이는 성찰하기보다는 감각하게 하고, 이성적으로 판단하기보다는 감성적인 판단을 중시한다. 그렇기 때문에 의미보다는 느낌을 강조하게 된다. 이런 차이는 연극과 영화를 즐기는 태도에서도 잘 나타난다.

이성적인 고급문화의 수용태도는 기본적으로 수용자의 적극적인 노력이 뒤따르는 반면, 감성적인 대중문화의 수용태도는 수동적이다. 관객들은 눈앞에서 공연되는 연극의 많은 부분의 의미를 스스로 채워 넣어야 한다. 대사를 통해 전달되는 등장인물들의 심리나 무대 밖의 사건들을 유추해야 하며, 무대라는 압축적인 시공간의 의미마저 파악해야 한다. 따라서 연극을 제대로 이해하려면, 충분한 해석능력과 의미를 부여하는 능력이 요구된다.

상대적으로 영화의 관객들은 수동적이다. 필요한 세부 정보는 거의 모두 클로즈업과 편집을 통한 병치로 제공된다. 따라서 영화는 시각적인 포화도가 매우 높은 매체이다. 영화의 화면은 자세한 정보로 가득 차 있어서 따로 의미를 부가할 것이 거의 없다. 게다가 시각적 인식은 별도의 훈련이 필요치 않다. 이와 같이 일반적으로 오늘날 문화현상에서 언어매체의 예술장르는 고급예술적 속성을 보이며, 영상매체의 예술장르는 대중예술적 속성을 보인다. 물론 그 경계가 분명한 것은 아니며, 어디까지나 상대적이다. 영상예술 중에서도 고도의 시적 특성을 지닌 고급예술이 있을 수 있으며, 언어예술 중에서도 완전한 대중문화가 있을 수 있다. 그러나 매체의 특성에 따른 경향은 분명히 존재한다. 이처럼 고급문화와 대중문화의 현상을 오늘날 문화다중주의, 다중문화주의 또는 약간 관점을 달리할 수 있는 '다문화시대'에서 새롭게 가늠할 필요가 있다.

1) 대중문화에서 '대중'과 '문화'

'대중문화'에 대한 개념적 이해가 고정적일 수 없는 이유는 많다. 먼저 '대중mass'과 '문화culture'의 개념에 대한 이해는 상호모순적이면서, 동시에 상호 불가분의 관계가 있다. 예를 들면, '대중'은 '대중적popular'이라는 의미에서조차 구별과 차이를 전제해야만 한다. 그만큼 까다로운 언어적 정의에는 어려움이 뒤따를 수밖에 없음을 윌리엄스Raymond Williams는 밝히고 있다. 그가 프랑스혁명과 영국의 산업혁명을 기점으로 역사적·사회적 의미로서의 변천을 다루었다는 데서 이를 알 수 있다(Williams, 1985). 그는 또한 "문화란 특정한 삶의 방식을 기술하는 말이다"라고 했다. 즉 문화는 활용범주에서 보면, 지적 활동, 특히 예술활동에서 나온 작품과 실천적 행위로 볼 수 있다는 뜻이다. 여기서 인간의 지적 활동에 속하는 문화의 영역에는 음악, 회화, 문학과 연극, 영화 등이 속한다. 그러나 예술적 생산과 활동에서 보면, 문화란 보다 인류학적 현상을 의미할 정도로 포괄적이면서 인간의 삶과 밀접한 관계를 맺어왔다.

이처럼 '문화' 역시 단일한 의미를 갖지 않는다는 점은 새삼스럽게 언급할 필요가 없을 것이다. 부차적인 언급이 오히려 의미의 혼란을 가중시키거나 불필요한 오해를 낳을 수 있다. 따라서 역사적 변천에서 추론할 수 있는 다양한 의미의 영역에 머물기보다는 현재 통용되고 있는 의미를 사용하고자 한다. 그렇다고 윌리엄스가 말한 것처럼 '문화'가 이제는 이미 판이하고 양립이 불가능한 사고체계들 속에서 중요한 개념으로 사용되기에 이르렀다는 점을 부정하는 것은 물론 아니다. 그렇게 함으로써 개념적 속박으로부터 벗어나는 동시에 용어사용에 있어 유연성과 현실성을 확보할 수 있기 때문이다. 그렇지만, 역설적으로 이를 위해 오늘날 통용되고 있는 '대중문화'는 최소 몇 가지 선행적인 이해를 필요로 한다.

이를 뒷받침할 수 있는 다른 예를 들면, 'mass'는 '대량'의 의미도 갖고 있다. 즉 '대량문화mass culture'에서 '대중 또는 대량'은 주체성을 갖지 못하고 비합리적이며, 열등한 집단이라는 부정적 의미가 담겨 있다. 그러나 중립적이거나 긍정적인 의미를 지닌 '대중적'이라는 용어를 대신 사용함으로써 '대중(적)문화popular culture'가 오늘날 널리 쓰이게 되었다. 즉 문화의 생산과정에 덧붙여 문화의 소비적 측면이 강조된 것이다(Li, 2012). 이러한 대중문화 역시 다양한 층위를 통해 생산과 유통, 그리고 소비의 틀 안에 놓여 있다. 이처럼 흔히 대중문화라고 부르는 현상은 대중사회에서 대중(또는 대량)매체에 의해 형성된 문화를 지칭하는 경우이다.

무엇보다도 엘리트주의적 관점에서 드러나는 대중의 취향과 대중문화를 통해 누릴 수 있는 미학적 의미는 재해석을 필요로 한다. 특히 고급문화적 측면에서 볼 때, 양자 간의 종속, 대립, 그리고 수용이라는 단계를 조명할 이유가 있기 때문이다. 이러한 연장선에서 문화산업에 예속되는 유흥과 소비, 글로벌 시대의 문화상대주의와 문화다중주의 역시 새로운 쟁점이 된다. 보다 근원적으로 문화산업에서 대중문화의 지배 이데올로기적 논쟁은 문화산업의 '기술적인 합리성Technische Rationalität'과 '지배의 합리성Rationalität der Herrschaft'에 대한 이해를 달리할 수밖에 없는 상황이다(M. Horkheimer & Th. W. Adorno, 2001).

2) 문화다중주의에서 '고급'과 '대중'

1950년대 미국에서 대중문화 논쟁기를 거치면서, 문화다중주의cultural pluralism를 비롯한 문화주의에서 '고급문화'의 개념과 그 위력은 급속히 쇠퇴하는 양상을 보였다. 그러나 따지고 보면, 미숙하고 위험스러운 사회현상으로 여겼던 대중문화를 마지못해 인정하면서도 각기 초점을 달리 하였다(조주은, 1999). 문화다중주의를 대표하는 갠스Herbert Gans의 경우, 그는 비록 상업적으로 생산되었지만, 대중의 미감과 욕구를 반영하므로 "단순히 상업적 조작물일 수만은 없는 것"으로 대중문화를 옹호하였다. 반면, 문화주의를 대표하는 윌리엄스의 경우, 일단의 사람들이 지니고 있는 '삶의 방식'으로서, 그 집단이나 사회가 공유하고 있는 가치들의 표현으로 대중문화를 보았다.

여기서 나아가 갠스와 같은 문화다중주의의 경우, 고급문화와 동일한 의미를 지니는 취향문화로서 대중문화를 규정하였다. 이는 여전히 미학적 근거를 인정하려는 태도를 가지고 있는 것이다. 반면, "모든 사람은 그것이 고급문화이든지, 대중적인 문화이든지 간에 자기가 좋아하는 문화를 가질 권리가 있다"는 갠스(1998)의 주장은 '문화적 민주주의cultural democracy'를 주창했다는 점에서 대중문화의 위상에 결정적인 변화를 가져올 수 있었다고 본다. 이는 대중문화나 고급문화가 단순히 미학적 가치의 판단과 범위를 넘어서는 '문화의 정치화'로 보는 것이다. 그만큼 오늘날 대중문화는 문화의 영역에만 머물지 않는 대신, 사회적·정치적·윤리적 범주까지 현대인에게 영향을 미치고 있다는 점에서 이를 알 수 있다.

21세기 디지털 시대에 이르러서는 더욱 대중문화론이 그 위력을 발휘하고 있다. 과연 지금도 고급문화라는 이름으로 대중문화를 저급문화로 차별화할 수 있는 지에 대해서는 과거 1세기를 통해 달라진 위상을 통해 알 수 있다. 그 시작은 산업혁명 이후 19세기 내내 지속된 산업화로 인한 것이다. 자본주의적 생산체제에 편입된 광범위한 노동 '대중'을 양산했고, 급속한 도시화와 더불어 이러한 대중의 문화공간이 형성되었다. 이러한 문화적 공간에 대한 사회학적 이론적 대응이 바로 대중문화론이라 할 수 있다.

당시 대중문화론 역시 순탄한 과정을 거쳤던 것만은 아니었다. 일반적으로 대중문화론은 1860년대부터 1950년대까지로 그 시기를 구분하고 있다. 그러나 이 시기에도 민족주의의 발현에 따른 어떤 국민, 시대, 집단 또는 인류 일반의 특정한 삶의 방식으로 활성화는 이루어지지 않았다. 물론 인간의 정신적 개발과정을 포함하기도 했으나, 여전히 미적 탁월성을 기리는 예술인 '고급문화high culture'가 우월한 위상을 유지할 수 있었다. 그 전환의 시기는 고급문화의 압제라 할 수 있다. 이러한 오랜 시기를 기울게 한 것은 다름 아닌 1960년대 이후 문화주의가 등장하면서부터이다. 이때부터 고급문화는 대중문화와 비로소 결합을 하고, 결과적으로 대중문화에 대한 긍정적 의미가 부여되었다. 문화적 비관론과 문화적 낙관론의 교차로 압축될 수 있는 미국의 대중문화의 논쟁은 문화에 대한 과거의 사고가 여전히 위상을 유지하고 있는 가운데 동시에 문화에 대한 새로운 사고가 생명력을 갖기 시작한 시기이기도 하다. 특히 20세기 초 유럽의 아방가르드Avantgarde에 머물지 않고 뉴욕을 중심으로 새롭게 펼쳐진 전위예술 운동인 'Yes Art, Pop Art' 등의 발생과도 무관하지 않다. 요약하면, '고급문화'라는 지배적 체제, 즉 대중문화를 부정하는 인식의 틀이 그 마지막 십여 년에 이르러서야 이를 긍정하는 인식의 틀이 형성되었다고 할 수 있다.

여기서 문화대중주의를 포괄적으로 다루기 위해 고급문화와 대중문화 사이에 놓여졌던 다양한 용어와 개념적 차이를 이해하는 것이 중요하다. 그 이유는 문화대중주의의 실체는 바로 이러한 대립적 상대적 또는 종속적 개념 모두를 포괄하기 때문이다. 이미 대중과 문화의 개념적 다양성에 대한 언급과도 직접적·간접적으로 관련이 있다. 먼저 미학적 우월성을 대표하는 '고급문화' 개념에 대립적으로 표현되는 대중문화의 개념으로 '많은 사람들이 좋아하는', '저급한', '인기를 끌기 위해 의도적으로 만들어진' 등을 들 수 있다. 이는 '대중'의 문화적 능력이나 잠재력을 인정하지 않으려고 하며, 부정적으로 규정하기 위한 비하적 표현이었다.

고급문화의 개념이 끊임없이 위기의식으로 시달렸던 때가 다름 아닌 대중이 '문화'라는 말조차 사용하기를 거부하고, '무정부 상태' 또는 '대량 문명'이라는 식으로 폄하했던 시기인 것을 보면, 아이러니라고 할 수 있다. 특정한 소수에 의한 창작과 특수한 계층만이 알 수 있는 것을 '고급'으로, 그러나 대중에 의한, 대중을 위한 생산과 소비는 결코 '문화'로 명명할 수 없었던 상황이었다. 요약하면 문화적 비관론과 문화적 낙관론의 교차로 압축될 수 있다. 1950년대 미국에서의 대중문화의 논쟁은 대중문화에 대한 편견과 선입견에도 불구하고 역설적으로 진정한 문화가 위기에 처해졌다는 데 문화적 상대성을 확인할 수 있다.

이러한 문화적 상대성은 동시대 동일한 문명이 만들어내는 두 가지 이질적인 문화에 대한 해명을 필요로 한다. 유럽의 문화적 비관론과 고급문화의 위기의식은 '소수문화'와 '대량문화'라는 두 가지 문화의 대립구조로 드러났다. '전위avant-garde', '진정한genuine', '정식formal', '탁월한superior', '참된true' 등으로 표현되는 아방가르드—20세기 초 시작할 때와 달리, 여기서는 고급문화로 이해되는—로, 그리고 '후위rear-guard', '대용ersatzt', '대중적인popular', '대중들의of the masses', '관제적인official', '미숙한rudimentary' 등으로 표현되는 주변문화와 대립되는 종속적인 개념들이다.

그러나 정작 중요한 것은 이러한 대립항에 놓인 개념이 아니라, 문화의 소비층이다. 그들에 의해 '상류층 문화highbrow culture', '중류층 문화middlebrow culture', '하류층 문화lowbrow culture'로 세분화되어 여전히 통용되고 있다는 데 대중문화에 대한 편견을 엿볼 수 있다. 여기서 문화계층의 구분은 '우수한superior', '세련된refined', '고상한' 문화와 '범속한mediocre', '저속한brutal' 문화적 평가에 근거한 것이다(Shils, 1998). 이는 고급과 대중 사이에 놓여질 수밖에 없는 문화 자체의 한계적 속성을 뜻하기도 한다. 따라서 고급문화와 동등한 가치를 부여한 갠스의 '취향문화taste culture'로서, 즉 고급문화와 대중문화의 구분은 설득력을 갖지 못한다.

3 대중문화와 문화산업

예술작품은 소수의 엘리트와 귀족들의 전유물이었기에, 예술가에 있어서는 전승된 예술의 형식을 이어받기 위한 숱한 훈련을 필요로 했다. 당연히 이러한 예술형식을 통해 표현되는 예술은 일반 대중에게 다가갈 수 없을 뿐더러, 소수의 감상자들만을 위한 한계를 스스로 안고 있는 셈이다. 그러나 오늘날 이러한 고급예술이라는 카테고리가 해체되면서, 예술의 영역은 일상의 영역으로 확대되었다. 특히 예술의 생산이 문화산업과 연계를 맺기 시작하면서부터, 그리고 확대 재생산의 구조와 맞물리게 되면서부터 무엇보다도 다양한 대중매체와 접합을 시도하기에 이르렀다. 예를 들어 컴퓨터를 이용한 전자음악, 디지털 기술을 응용한 시각예술과 설치예술, 심지어 레디메이드의 오브제들까지도 직접 차용하는 등을 들 수 있다. 따라서 예술은 예술가들만의 독창적이고, 개인적인 창조성이 아니라, 감상자의 다양한 수용과 해석의 가능성이 더욱 중요하게 되었다. 요약하면, 예술의 생산에서 폐쇄성이 아니라, 수용과 해석에서 열린 대상으로서의 변화를 일컫는 것이다.

이제는 더 이상 대중에게 난해한 예술이나 문화가 아니라, 일상의 범주에서 감상할 수 있는 '예술의 대중화' 시대라 할 수 있을 것이다. 즉 아도르노의 '일상의 미학'에 대한 비판은 예술의 상품화 측면에서 접근하고자 한다. 물론 이를 위해 자본주의에 대한 마르크스의 상품분석(Marx, 1988), 루카치의 '사물화Verdinglichung'와 아도르노의 '동일성원리Identitätsprinzip'로 연결되는 비판의 맥락을 짚어야 하겠지만, 여기서는 간단히 언급하고, 본서의 성격상 예술의 상품화와 문화산업에 연관시켜 서술의 범위를 제한한다. 그러나 예술의 탈 중심화라는 아도르노의 사상과는 직접적인 관련을 맺는다. 마르크스의 '상품분석'에서 핵심은, 상품은 각각 '사용가치Gebrauchswert'와 '교환가치Tauschwert'를 갖는다는 데 있다. 즉 상품은 본래 인간의 욕구를 충족시켜 줄 수 있는 사용가치를 갖고 있지만, 한 상품의 사용가치는 다른 상품의 사용가치와 교환될 수 있는 교환가치도 획득하게 된다는 것이다. 루카치 György Lúkács는 사회적인 교환을 위해서는 비교될 수 없는 것들을 비교할 수 있게, 또한 같지 않은 것을 같게 만들어야 한다고 하였다. 따라서 이러한 동일성을 이데올로기의 근원적인 형식이라고 본 것이다. 아도르노에게 있어서 '예술의 상품화'는 마르크스의 이론을 바탕으로 하는 루카치의 문제의식으로부터 출발해야만 할 것이다. 왜냐하면, 루카치는 '사물화'의 문제를 마르크스의 '상품분석'과 '상품물신주의 Warenfetischismus'에서 그 개념을 끌어내었기 때문이다. 이에 반해 아도르노는 루카치의 문제를 '동일성 원리'로 밝힘으로써 루카치와 차별화를 꾀했다.

아도르노는 예술작품이 태고적 물신주의로 퇴행하여 하나의 물건이 된다는 사실, 즉 '사물화'를 동일성 사고와의 연관 속에서 파악하였다. 특히 그는 후기 자본주의 사회에서 예술이 예술적 가치를 잃어버렸다는 것은, 즉 '탈예술화Entkunst'가 '문화산업Kultur-Industrie; Culture-Industry'에 의해 이루어지는 것이라고 보았다(T. W. Adorno, 1972). 그 이유는 문화산업을 통해 생산되는 상품은 그 물신적 성격으로 인해 결코 예술의 자율성에 이를 수 없게 만들기 때문이다. 여기서 아도르노가 생각하는 것처럼 진정한 의미에서 예술을 해체하거나 대체하여 문화로 상품화하고 있는 문화산업의 실체를 알아 볼 필요가 있다.

1) 문화산업과 지배의 합리성

문화산업에 있어서 '기술'은 그 무엇보다도 중요한 역할을 맡거나 관련을 맺는다. 왜냐하면, 기술은 규격화와 대량생산을 가능하게 하며, 이를 통해 대중적 문화상품의 대량유통을 위한 전제조건이 해결되기 때문이다. 이러한 견해를 밝힌 사람은 바로 아도르노와 호르크하이머이다. 그들은 문화산업에 종사하는 사람들이 기술의 효용성을 극대화하려는데 주목하였다. 왜냐하면 기술은 다름 아닌 지식이나 권력으로서 그 자신을 만들어 내고, 재생산하고, 유지하려는 속성을 지니고 있다고 보았다. 본질적으로는 사고 내지는 합리성의 한 형태이기 때문인 것이다.

아도르노와 호르크하이머는 이러한 '기술의 합리성technological rationality'과 그러한 기술적 사고의 근원을 묻는 데에까지 나아간다. 즉 인간이 처음으로 막강한 자연의 지배력으로부터 벗어나는 과정과 이후 문명화 과정 속에서 인간이 자연을 상대화시키고, 자연을 지배하게 되는 과정을 뜻한다. 당연히 결과적으로 기술의 합리성이 곧 '지배의 합리성rationality of governance'이 되었다는 논리이다(노성숙, 2002). 즉 자연지배로부터 벗어나는 데 있어 중요한 수단이었던 인간 기술의 합리성은 도리어 자기 자신은 물론 타인들을 지배하는 강력한 수단이 된 것이다. 인간 스스로 마련했던 합리성이 비합리성으로 빠져버린 모순을 지적한 것이다.

그러나 초기의 문화산업과 달리 엄청난 기술의 발전에 힘입어, 예를 들어 디지털 기술은 현실을 단순히 복제하는 수준이 아니라, 상상력의 세계마저 현실화시킬 정도로 변화했다. 대중문화의 대표 격인 많은 영화들 살펴보면, 실제 촬영보다는 컴퓨터 그래픽이 차지하고 있는 비중이 날로 커지고 있다. 대중음악 역시 디지털 기술은 고전적 음악이나 가요의 가수와 달리 이미지와 댄스, 집단적인 율동이나 현란한 제스처 중심의 가수들로 인해 더욱 인기를 끌고 있는 실정이다. 문화산업에서 이러한 복제기술과 영상기술은 혁신적으로 발전하여 문화산업을 이끌어 가는 중추적인 역할을 맡고 있다고 해도 과언은 아닐 것이다.

다른 한편으로 문화산업에서 기술과 양식이 상품화의 효용성을 증대시켜줄 수 있다면, 결국 소비자를 염두에 둘 수밖에 없다. 진부한 말이겠지만, 생산과 소비라는 틀에서 문화가 산업에 종속되는 결과를 일컫는다. 대중 소비자들의 욕구를 자극하고 조종하면서, 심지어 보이지 않게 훈련시키기까지 한다면, 이에 가장 적합한 내용을 담을 수 있는 것은 '유흥amusement'이나 '오락거리entertainment'일 것이다. 이러한 '즐기는 것'들은 더욱 세련되거나 교묘한 방법으로 상품의 형태를 띠게 된다. 이러한 점에서 문화산업이 결국 예술이든지, 문화든지 간에 무차별적으로 획일화시키는 강제적 틀로 인식할 필요성이 제기되는 시점이다.

마침내 문화산업의 상품화가 예술작품에 고유한 상품적 가치를 바꾸어 놓은 것이다. 아도르노에게 있어서 예술작품도 하나의 상품으로 받아들였다. 예술이 비록 하나의 상품일지라도, 문화산업이 오직 상품이라는 것과는 다르다. 근본적인 차이는 예술이 상품경제의 전제에 본질적으로 묶여 있기는 하지만, 사회적인 목적성에 대한 부정으로서 예술의 자유에 주목하였다. 반면, 문화산업은 교환될 수 있는 무엇으로만 상품가치를 부여함으로써 예술의 사용가치를 교환가치로 완전히 대체해 버린 것으로 볼 수 있다. 예술작품의 사용가치가 시장의 교환가치로만 환원될 경우, 그것이 고급문화이든지 대중문화이든지 간에 예술이나 문화가 지닌 고유한 질적 가치는 교환가치의 추상적인 보호망에서 벗어나게 된다.

문화산업은 예술작품의 상품화를 통해 대중들에게 값싸게 제공하기도 한다. 그러나 이러한 값싼 구매와 향유는 이전에 문화를 독점했던 특수한 계층을 없애고, 대중들로 하여금 예술의 영역에 대한 새로운 접근을 가능하게 한 것은 사실이다. 문화의 질적인 내용을 없애버렸고, 이전에 수용자와 예술이 지니고 있던 건전한 관계를 막무가내로 폐기한 것이다. 오히려 예술의 물신적 성격을 더욱 강화시키고 말았다(노성숙, 2002). 이것이 바로 기술의 합리성이 낳은 지배의 합리성, 즉 문화산업의 상품화가 낳은 폐해를 상징하는 것이다.

2) 문화상대주의와 다문화시대

문화에 관한 개념적 이론적 논의는 20세기 중반 이후 문화다중주의를 비롯한 문화주의 논쟁의 시기를 거쳐 문화산업과 상품화에 이르러서는 급속한 변화를 겪은 것이다. 물론 문화 이데올로기가 갖는 자기모순적 폐해를 지적하는 것이다. 즉 기술의 합리성과 지배의 합리성은 과연 인간의 문화가 지향해야 할 점, 무엇을 위한, 누구를 위한 문화이어야 하는지를 되묻는 것이다. 그러나 현실은 이러한 이데올로기보다는 문화에 대한 다양한 대응들로써 큰 흐름을 형성하였다. 즉 문화상대주의와 다문화시대로 요약될 수 있을 것이다.

문화와 문명은 다른 사회와 생활방식의 상호접촉, 보다 적극적으로는 교배와 잡종화의 소산이라고 볼 수 있다. 이러한 의미에서 문화의 역사적 진화는 세계화라는 이름으로 이미 오랫동안 진전되어 왔던 것이며, 애초부터 인간문명의 주요한 동인의 하나였다. 세계의 여러 곳에서 상업과 무역은 특정한 상품을 특정한 지역을 넘어 전달하는 주요한 방편이었다. 이는 상업에 속하는 문화에 영향을 서로 주고받는 양식으로 계속 발전되어 왔던 것이다. 13~17세기 유럽의 '한자동맹'이나, 이의 현대적 변용이라 할 수 있는 오늘날 'FTAFree Trade Agreement' 역시 도시 간, 국가 간 상품교환에 머물지 않고, 또한 문화적 팩트에 대한 중요도를 높이 평가하는 이유 역시 같은 맥락에서 이해할 수 있는 점이다.

20세기 초 등장한 문화상대주의는 그 이론적 타당성으로 인해 논쟁이 컸으나, 지금의 문화상대주의는 사회, 문화인류학에서 핵심적인 자리를 차지하고 있다. 외국문화에 대한 상대주의적 사고가 이 학문 분야에서 역사적으로 중요한 역할을 해왔다는 점을 부정하는 인류학자는 거의 없을 것이다. 인류학적 의미에서 보면, 문화상대주의의 가장 큰 기여는 어떠한 문화이든 문화 자체의 방식으로 이해하는 것이 중요하다는 인식의 전환이었다. 이는 고급문화와 대중문화에 대한 이해와 수용에서도 적용될 수 있는 요인이다. 인류학적 측면에서 인류가 '야만-미개-문명'이라는 세 가지 발전을 거쳐 진보해왔다고 인식하듯이, 이와 더불어 문화상대주의는 백인의 인종적 우월성에 대한 광범위한 믿음뿐만 아니라, 그와 같은 지적 풍토를 배경으로 등장한 것이다.

이러한 주장을 펼친 주요 인류학자를 든다면, 스펜스Hebert Spencer, 모건Lewis H. Morgan, 타일러Edward Burnett Tylor 등이 여기에 속한다. 대표적인 저서로는 타일러의 『원시문화』(1871)를 들 수 있다. 여기서 그는 모건과 비슷한 견해를 밝혔지만, 핵심은 종교진화론이다. 종교의 순위를 매기면서, 맨 아래는 애니미즘(정령신앙), 중간에는 다신교, 맨 위에는 일신교를 놓았다. 이에 따라 기독교를 세계에서 가장 발전된 종교 가운데 하나로 평가했다. 타일러는 오늘날 문화에 대한 상대주의적 개념으로 잘 알려졌지만, 그는 문명화된 민족이 전체적으로 야만인보다 더 현명하고 행복하다고 거침없이 주장했다는 점에서 사실상 진화론자였다. 그러나 이러한 문화상대주의는 결국 다문화주의에 관한 논쟁을 불러일으켰으며, 문화의 정치화를 낳게 되었다.

전체적으로 보면, 다문화주의는 애초부터 다양한 인종집단, 언어, 문화, 종교 등을 통합함으로써 하나의 민족국가가 분열되지 않게 하는 정치이념이라고 말할 수 있을 것이다. 이러한 점에서 다문화주의는 과거에도 그랬듯이, 지금도 부분적으로는 정치화합을 위한 하나의 방편이 되고 있다. 따라서 다문화 사회는 서로 다른 문화를 가진 다양한 인종집단이 하나의 민족국가 안에서 공존하는 대신, 주류 집단이 그 중심을 차지하고 있는 사회이다. 달리 말하면, 문화에 대한 상대주의적 개념은 서로 다른 집단들 간에 존재하는 차이를 강조하고, 동시에 집단 내에 존재하는 차이를 지워버리는 것이다. 즉 문화의 이질성과 동질성은 한 집단의 내부와 외부에서 동시에 가능하다.

쿠와야마에 의하면, 문화의 구성요소가 인종과 국가를 넘어 많은 사람들로부터 인정받을 수 있는 의미에서 문화를 '소비 가능한 것'으로 간주하였다. 예를 들면, 스포츠에서 일본의 유도는 이제 창시국의 독점물에 속하지 않는다. 오늘날 대중문화를 대표하는 가운데 하나인 한류의 '케이팝' 역시 세계 여러 곳에서 서로 다른 문화 간의 상호작용을 거치는 과정에 놓여 있다. 이는 문화상대주의와 다문화주의의 속성으로 이해될 수 있을 것이다. 생활의 많은 부분에서 국경을 넘나드는 교류가 이루어지는 세계화의 시대, 즉 문화상대주의 시대 문화의 두드러진 특징은 소비자의 인종적 배경과 상관없이 문화가 소비되고 있다는 사실이다.

3) 대중문화의 경계와 기준

표현매체의 기능과 역할에서 보면, 시각과 청각은 촉각에 비해 간접적이며 수동적이다. 문화의 수용이나 소통에서 직접적인 촉각에는 이르지 못하는 한계를 갖고 있다. 다른 말로 표현하면, 현실과 가상의 세계를 넘나드는 경계에서 인식의 문제로 남을 수밖에 없다. 비록 오늘날 삼차원3D의 세계, 나아가 사차원4D의 가상세계가 획기적인 기술의 발전에 의해 부분적으로 가능하더라도, 이러한 '가상현실' 또는 '현실가상'을 낳고 있는 그 경계는 실존하는 현실이다. 즉 인간의 오감이 모두 작동하는 현실이라는 점에서 표현매체의 차별성이 이러한 인식의 차이로 받아들여지는 것이다.

이를 근거로 시각적 표현과 언어적 표현의 가장 분명한 경계, 즉 고급과 대중문화를 가늠하는 기준으로 연극과 영화의 속성에 대한 이해를 언급하고자 한다. 연극은 시각적 속성에도 불구하고 매우 언어적 정체성을 띤다. 연극에서의 대부분의 의미는 정보로 가득 차 있는 대사를 통해서 전달되기 때문이다. 등장인물의 내밀한 심리조차 방백의 형태로 나타나곤 한다. 배우들의 연기 또한 대사 전달이 중심이 된다. 배우의 시각적 연기는 메시지를 전달하는 데 일정한 한계를 가진다. 무대의 특성상 관객으로부터 멀리 떨어져 있어, 관객들이 배우들의 세세한 표정이나 미세한 움직임을 의미화하기 힘들기 때문이다. 영화가 클로즈업을 통해 작은 표정의 변화만으로도 메시지를 전달할 수 있는 것과는 다르다.

말하자면, 연극은 카메라가 롱 쇼트에 고정되어 있는 영화와 같다. 그래서 연극배우들의 시각적 연기는 과장되는 경향이 있다. 표정연기보다는 구체적인 몸짓으로 메시지를 나타내야 하고, 동작은 의식적으로 키워야 한다. 간혹 연극배우들이 영화나 TV 드라마에 출연했을 때, 다소 과장된 연기를 하는 것처럼 여겨지는 것은 이런 연극적 상황에 익숙한 배우들이 시각매체의 다른 상황에 잘 적응하지 못했기 때문이다. 반면, 영화는 대사보다 시각적 표현이 본질적이다. 말로 해야 할 것을 시각으로 표현해야 하는 것이 영화의 세계이다. 카메라의 유연한 움직임을 통해 영화는 언어가 할 수 없는 매우 다양한 방식으로 메시지를 창출해 낼 수 있다. 그래서 영화에서 내레이션 등이 많이 쓰여 언어의 역할이 두드러지게 되면, 그 완성도가 떨어지게 되는 결과를 낳는다.

이런 기본적 매체차이가 연극의 영화화의 중요한 전환조건이 되며, 변화의 핵심에 놓여 있다. 연극은 말이 가지는 정신적 가치를 잘 실현하는 장르이다. 인쇄술의 발달 이후 문학이 문자에 기반을 둔 예술양식이 된 것과 비교된다. 문학이 문자중심의 예술이 되면서 음성중심주의적 장점을 많이 상실하게 된 반면, 연극은 아리스토텔레스가 시학에서 다룬 당시의 재현 양식으로서의 문학성의 특성을 크게 상실하지 않은 채, 유지되어 온 장르가 되었다. 문학의 운율이 내재율로 변화하고, 낭독의 아름다움이 대체로 심층적 구조로 숨어든 것을 상기할 필요가 있다. 그런 까닭에 음성중심주의의 입장에서 보면, 언어의 본질을 다루는 매체적 특성을 잘 간직한 장르는 문학보다 연극이라고 할 수 있다.

이처럼 고전적 의미에서 문화를 고급과 대중으로 나누었던 이분법은 더 이상 의미를 찾기 힘든 시대로 이미 접어들었다. 소위 문화다중주의와 다문화시대에 예술과 문학은 그 대상과 범위를 구분하기 어려운 경계에 놓인 것이다. 장르의 한계를 넘나드는 또는 경계를 무너트리는 표현의 극대화는 새로운 가능성을 열어놓은 채, 문화라는 이름으로 이데올로기가 위장되고 있는 것이다. 그것이 문화산업이든지, 상품화든지 간에 문화가 포장됨으로써 정작 문화의 고유성은 상실되는 시대가 아닐까? 결국 개념적 정의든지, 현실적 흐름이든지 간에 역사적 변천에 따른 문화의 다양성을 인정하는 범위에서 예술의 독자성에 대한 논의가 중요한 것이다. 그만큼 고급과 대중의 구분은 부차적인 것으로 간주되는 시대이다.

CHAPTER 2

문화이론과 문화주의

CHAPTER 2

문화이론과 문화주의

1

대중문화의 일반론

대중문화를 바라보는 시각은 매우 다양하며 복잡하다. 대중문화에 대한 초기 이론들은 19세기 후반 서구사회의 급속한 산업화와 함께 형성된 시민사회 혹은 대중사회의 등장으로 인해 정립되었다고 할 수 있다. 대중문화에 대한 초기 이론은 대립적인 구도로 나타났는데, 엘리트주의적 시각에서 대중문화를 바라보는 대중문화 비판론과 다원주의의 시각에서 대중문화를 옹호하는 긍정론이다.

대중사회에 대한 긍정론과 부정론은 제2차 세계대전 이후 미국 사회에서 대량으로 생산된 대중문화가 급속히 확산되는 가운데 치열한 논쟁이 일어났다. 유럽에서는 제2차 세계대전 이후 사회가 혼란스럽게 변하고, 청년세대들의 저항문화가 대두되었으며, 미국문화의 유입으로 인한 정체성 혼란 등을 겪게 되었다. 이와 같은 상황에서 유럽에서는 문화에 대한 다양한 이론적 시각이 등장했다. 1970년대에는 제3세계

민족주의 운동이 활발해지면서 서구의 문화지배를 비판하는 이론적 시각이 대두하기도 했다.

대중사회는 중세 봉건주의 사회의 질서가 무너지면서, 새롭게 등장한 시민사회의 특성을 대변하는 개념이다. 이런 대중사회를 바라보는 입장은 크게 두 가지로 나타난다. 첫째는 귀족주의적이고 보수적인 관점에서 대중과 대중사회의 등장이 기존에 유지되고 있는 질서에 대한 위협이라고 간주하는 입장이다. 둘째는 다원적 민주주의 관점에서 대중사회를 옹호하고자 하는 입장이다.

1) 엘리트주의

대중문화를 귀족적, 보수적인 관점에서 바라본 엘리트주의자들은 산업혁명과 근대 시민혁명을 통해 '대중'이 등장한 것을 위기로 간주하고, 대중문화를 '대중사회에서 고립된 다수의 대중이 향유하는 질 낮은 문화'라고 하였다. 대중문화에 대해 비판적인 엘리트주의적 관점에서 대중의 향유하고자 하는 것은 그 자체로 저급한 것으로 취급되었으며, 다수를 위해 대량으로 생산하는 것 자체가 질을 떨어뜨린다는 것이었다.

이러한 관점은 니체Friedrich Wilhelm Nietzsche, 엘리어트T.S. Eliot, 가세트Ortega Y Gasset, 하그Ernest Van den Haag, 토크빌Charles Alexis Clérel de Tocqueville 등의 주장에서 잘 드러난다. 다음은 하그의 주장이다.

> 대중들은 과거부터 항시 학문과 예술을 좋아하지 않았으며, 지금도 마찬가지이다. 대중은 인간의 삶을 밝혀 보려고 하기보다는 오히려 일상의 어려운 삶을 잊게 하는 것을 찾는다. 다시 말

하면 대중은 새로운 것에 당혹해하기보다는 익숙한 전통적인 놀이의 표현에 의해 편안히 즐기고자 하는 것이다. 대중은 사실 아슬아슬한 스릴을 원하기는 한다. 그러나 대중의 스릴은 비이성적인 폭력이나 천박한 것을 통해서 얻게 된다. 이러한 폭력은 그들의 감정을 해소시켜 줄 수도 있는 것이다. 마찬가지로 또한 그들이 좋아하는 달콤하고 감상적인 것들은 스스로를 현실도피의 상태로 끌어간다. 오늘날 새롭게 나타나는 문화현상의 문제는 타당성이 없는 스릴과 감상적 내용이 인위적으로 먹혀들어가게끔 꾸며진다는 사실과 함께 이제는 엘리트들이 자신의 자리를 지킬 수 없게 되고, 소비자 대중의 요구에 밀리게 되었다는 것이다(Norman, 1980).

1950년대 미국에서 대중문화에 대한 긍정론과 부정론에 대한 논쟁이 활발히 이루어졌을 때, 대중문화 비판론자였던 맥도널드는 과거의 민속 문화가 하위계층인 자신들의 필요에 의해 자발적으로 만들어진 문화인데 반해, 대중문화는 기업인이 고용한 기술자에 의해 가공되어 위로부터 강요되는 문화이며, 대중은 수동적이기만 한 소비자들이라서 그들이 할 수 있는 선택은 대중문화상품을 살 것인가 말 것인가를 선택하는 정도일 뿐이라고 말했다. 그는 대중문화를 세상에 존재하는 이질적이고 다양한 가치와 수준의 문제들을 획일화하고 동질화시켜 버리는 동질화 문화라고 보았다. 또한 그는 대중문화는 인간의 이성과 과학을 타락시킨다고 보았다. 과학이 과거에는 인간이 가진 최고의 합리적인 산물인데 반해 대중문화에서 과학은 흔히 '이변'과 '공포'의 개념으로 나타난다.

2) 다원주의

대중문화를 옹호하는 긍정론자들의 입장은 기본적으로 문화적 다양성을 주장하는 다원주의적 문화론에서 찾아볼 수 있다. 쉴즈는 다원주의자로서 문화취향의 위계구조를 이론적으로 제시한 사람이다. 그는 개인적 경험과 감수성에 대한 존중이 확산되면서 보다 많은 부류와 계층의 사람들이 자신들의 취향을 평가하고 선택할 수 있게 되었다고 본다. 그는 심미적·도덕적·지적 기준에 따라 문화를 우수한 혹은 정제된 문화, 범속한 문화, 저속한 문화와 같이 세 가지 수준으로 구분하였다.

우수한 문화는 주제를 매우 진지하게 다룬다는 것이 가장 큰 특징이다. 범속한 문화는 우수한 문화와 동일한 선상에서 다룰 수 있지만, 우수한 문화에 비해 독창성이 결여되고 모방성이 강하다. 저속한 문화는 그것이 내포하고 있는 상징적 수준이 초보적 단계에 머물러 있는 것이다. 우수한 문화에 속하더라도 상징성이 아주 낮은 경우를 말하며, 게임이나 스포츠 관람과 같은 것이 여기에 해당된다.

쉴즈Edward Shils는 세 가지 문화의 소비 집단을 각각 '지식인(미국의 일부 지식인들을 제외한 엘리트집단은 제외)', '중산층', '산업노동계층과 농촌인구'로 구분하였다. 그는 범속한 문화나 저속한 문화의 생산이 반드시 고급문화의 파괴를 의미하는 것은 아니며, 대중문화 시장에서 당연히 고급문화가 상대적으로 열세이지만, 기업이나 정부의 후원과 보조를 통해 보상받을 수 있다고 보았다. 쉴즈의 생각은 기본적으로 하나의 사회에 존재하는 다양한 문화수준과 취향을 인정해야 한다는 다원론의 입장에 서 있는 것이다. 그러나 우수한 문화, 범속한 문화, 저속한 문화라는 개념 자체가 고급문화는 수준 높은 것, 대중문화는 수준 낮은 것이라는 전제를 벗어나지 않고 있으며, 대중의 취향을 범속하거나 저속한 것으로 이해하고 있다는 점에서 부정론자들과 다르지 않다.

갠스는 사회계급 간에 나타나는 문화적 차이는 취향의 차이이며, 문화 간에 서열이 있다든가, 문화적 취향에 의해 계급이나 지위가 구분된다는 이론을 거부한다. 단지 취향공중과 취향문화의 개념을 설명하면서 사회계층에 따라 문화적 취향이 다양한 사회 인구학적 요인에 의해 문화가 분화됨을 설명하고 있다. 하나의 사회 안에는 다양한 심미적 기준이 있어서 사람들에게는 이들 중에서 어떤 것을 고를 것인가에 대한 기회가 공평하게 제공되어 있으며, 사람들은 스스로에게 적합한 심미적 기준을 선택할 수 있다는 것이다.

그에 따르면, 소비자집단이 선택한 여가 활동과 문화 형태에는 일정한 상호관계가 있다. 여기에서 소비자집단이 이와 같이 특정한 문화들을 선택하는 가치와 기준이 갠스가 말하는 취향문화론의 기본을 이루며, 공통된 가치와 기준을 가지고 비슷한 문화를 선택하는 사람들이 취향공중을 구성하게 된다. 즉 취향공중과 취향문화의 관계는 전체 사회의 위계질서, 특히 신분의 위계질서와 깊은 연관이 있다. 또 고급문화에 대한 미적 기준만을 유일하고 절대적인 것으로 보는 관점은 잘못된 것이며, 각 취향문화의 고유한 미적 가치와 기준을 인정해 주어야 한다고 주장한다.

그러나 그 또한 고급문화가 대중문화보다 '좋은 것'이라는 인식에서는 벗어나지 못하고 있다. 단지, 취향공중과의 관계에 있어서 각 공중집단의 취향을 인정해야 한다는 것이다. 또한 그는 부정론자들과 마찬가지로 고급문화의 미적 가치를 기준으로 대중문화의 다양한 취향을 위계화하고 있다. 그리고 대중이 고급문화를 향유하지 못한 것은 대중의 잘못이 아니라, 대중들이 고급문화를 경험하고 받아들일 수 있는 교육의 기회가 제공되지 않았기 때문이며, 대중의 취향도 그것대로 인정해 주어야 한다는 태도를 보여주고 있다.

문화적 다양성과 대중문화의 민주주의적 가치를 주장한 대중문화 긍정론자들 역시 대중의 취향과 대중문화의 미학에 대해서는 비판론자들과 다름이 없음을 확인할 수 있다. 다음은 갠스가 사회학자 워너 Lloyd Warner의 사회계층 구분에 근거해서 분류한 다섯 개의 취향문화이다.

상급문화high culture는 다른 취향문화와는 다르게 문화를 창조하는 사람들과 이를 비평하는 그룹이 중심으로 이루어진다. 창작하는 사람이나 수용하는 사람 모두 최고의 교육을 받은 상류, 중상류계급층의 사람들로서 대부분 고등교육기관이나 전문직 종사자로 볼 수 있다. 그들은 소수의 사람들에게 수용되는 것에 대해 자부심을 느끼며, 의도적으로 대량 전파되는 것을 피한다.

중상급문화upper-middle culture는 대학교육을 받은 전문직 종사자들, 기업의 경영자와 간부 및 이들의 부인 등 중상류층 사람들이 여기에 속한다. 이들은 고급문화를 향유하기 바라며, 스스로 교양인이고, 학문인이고자 하는 성향이 강하다. 이들은 사회적 신분이나 계층의 상향 이동을 다룬 소설, 연극, 전기 등을 선호하며 논픽션을 주로 선택한다. 대학교육을 받은 사회계층이 증가하면서, 여기에 해당하는 인구가 늘어 났으며, 1960년대 청년문화의 모태이기도 하다.

중하급문화lower-middle culture는 미국 사회의 지배적인 취향문화로, 중산층 및 중하층의 사람들로 사무직이나 초등학교 교사, 저급의 정신노동자들이 여기에 속한다. 이들은 문화에 대한 욕구가 크지는 않지만, 미디어와 문화산업에 있어서는 아주 중요한 소비집단이 되기도 한다. 미학적으로는 형식보다 내용을 강조하고, 문학이나 드라마는 전통적 가치나 사회제도의 타당성을 인정하는 내용이 대부분이다. 해결될 수 없는 갈등이나 대립은 나타나지 않는다. 중하급문화는 아주 빠른 변화를 보이며, 취향문화 내에서 보수적인 가치관과 진보적인 가치관 사이에서 심한 갈등을 겪는다.

하급문화low culture는 숙련공이나 준 숙련공, 서비스 노동자, 준 숙련 사무원들로 이들은 정규 중고등학교가 아닌 직업교육의 중등교육과정을 받은 사람들, 대부분 고등학교를 중퇴한 정도의 학력을 지닌 사람들이 여기에 속한다. 미학적 기준은 내용을 강조할 뿐이지, 형식은 단지 부수적인 것이다. 하급문화에서는 노동계층의 전통적인 가치에 대한 내용이 주를 이루며, 선善과 악惡의 구분이 보다 명확하고 권선징악勸善懲惡이 강조된다. 하급문화의 수용자들은 스타를 우상숭배하는 경향이 있다.

유사민속하급문화quasi-folk low culture는 민속문화와 제2차 세계대전 이전의 상업적 하급문화의 혼합물이라고 할 수 있다. 비숙련 노동이나 서비스업에 종사하며 초등학교 졸업 정도의 사람들로 농촌에 살거나 도시 변두리에 사는 농촌 출신의 유색인종들이다. 이들은 수는 많지만, 신분이 낮고 구매력이 낮아 문화산업의 주 소비계층이 되지 못한다. 따라서 이들은 앞서 언급한 문화와 차별되는 것이 아니다. 하급문화와 거의 같은 문화를 수용하지만, 좀 더 단순한 내용의 문화를 선호한다. 대도시 주변의 낙서 등이 이들의 문화적 표현으로 나타난다.

2
문화이론과 문화연구

문화와 대중문화에 대한 정의는 시대에 따라 달라져 왔다. 마르크스주의 문화론에서 현대의 문화주의까지 다양한 문화연구가들에 의해 문화와 대중문화에 대한 연구가 이어졌다.

1) 마르크스주의 문화론

독일의 사회 철학자 마르크스Karl Marx, 1818~1883는 구체적이고 체계적인 문화이론을 내세운 적은 없다. 그러나 마르크스주의의 영향을 받지 않은 문화이론은 없다고 할 정도로 마르크스주의의 영향을 받은 이론가들에 의해 본격적인 문화이론이 정립되기 시작하였다. 이렇게 본다면 마르크스주의 문화론은 모든 문화이론의 시발점이라고 할 수 있다.

토대와 상부구조

마르크스와 엥겔스가 『독일이데올로기』에서 처음 논의한 토대와 상부구조Basis und Überbau; Base and Superstructure의 이론에서 토대란 생산력과 생산관계로 구성되어 있고 상부구조는 인간의 의식형태, 이데올로기, 철학, 법률, 정치제도 등 우리가 삶을 영위하는 데 필요한 여러 가지 제도적 장치를 말하는 것이다. 마르크스는 인간의 물질적 생산력은 일정한 발전단계에 따라 발생하는 필연적 관계인 생산관계와 결부되어 있다고 보았다. 여기서 생산력이란 노동수단, 생산용구 및 물질적 재화를 생산하는 인간을 뜻한다. 또한 생산관계란 인간들이 사회의 경제활동에 참여할 때, 소속되어 있는 사회관계나 경제생활에서 항상 의식하게 되는 사회관계를 의미한다. 예를 들어, 역사적으로 노예제도라는 경제생활에서는 주인과 노예라는 사회관계, 봉건제도라는 경제생활에서는 영주와 농노라는 사회관계, 그리고 자본주의라는 경제생활에서는 부르주아와 프롤레타리아라는 사회관계를 갖게 된다는 것이다(Story, 1993). 따라서 생산력은 인간을 말하며, 생산관계란 그 인간이 속해 있는 사회 속에서의 관계를 뜻한다.

마르크스는 생산력과 생산관계로 되어 있는 토대와 상부구조에 대한 논의를 통해 어떤 특수한 사회가 갖고 있는 국가와 사회의식의 특정 형태는 자율적이지 않으며, 오히려 그 사회의 경제기반을 반영한다는 점을 강조한다. 즉 토대와 상부구조란 사회의 경제적 기반으로서 토대와 그 구조로부터 불가피하게 생기는 국가와 사회의식 형태 사이의 상호의존적인 관계를 가리키는 것이다.

그에 따르면, 역사의 각 시기는 특정한 생산양식으로 규정된다. 노예사회, 봉건사회, 자본주의 사회처럼 생산양식으로 역사의 단계가 정의된다. 각 생산양식들은 생필품을 만드는 방식이 서로 다르며, 노동자와 고용주 간의 관계도 다르게 규정된다. 이러한 차이에 따라 각각의 문화제도와 사회제도 또한 다르게 나타난다. 결국 한 사회의 정치적, 문화적, 사회적 형태를 결정짓는 것은 경제적 생산양식이므로 생산양식이 변하게 되면, 그 사회의 의식, 정치, 문화, 도덕, 규범 등이 변하게 된다. 그러므로 마르크스주의의 관점으로 문화를 분석하려면, 기본적으로 이러한 경제적 생산양식에 대한 이해를 바탕으로 문화에 대해 논의해야 한다.

마르크스주의의 시각에서 바라보면, 문화는 역사의 산물이다. 어떤 특정한 물질적 조건을 기초로 형성된 역사적 세력에 의해 문화가 발생했고, 문화를 분석하기 위해서는 바로 그 기초인 물질적 조건을 분석해야 한다. 그리고 문화는 그 자체로서 고정된 의미를 가지는 것이 아니다. 정치, 경제, 계급 등의 관점에 따라 유동적인 의미를 가지게 된다. 그에 따라 문화 또한 토대와 상부구조의 관점에서 파악해야 한다. 그러나 마르크스주의라고 한데 묶이는 이론들도 더 구체적으로 살펴보면, 다양한 양상을 보이기 때문에 문화에 대한 해석은 각 입장들에 따라 여러 가지가 있다. 마르크스주의의 핵심인 토대와 상부구조를 어떻게 파악하느냐에 따라 문화를 보는 입장도 다양하게 분류될 수 있다.

반영이론

반영이론Widerspiegdungtheorie; Reflection Theory이란 거울에 사물이 비치는 것처럼 그 사회의 실체가 반영되어 문화적 현상으로 나타난다는 이론이다. 이는 앞서 말한 마르크스주의의 토대와 상부구조와 관련이 있다. 토대가 상부구조를 결정한다는 반영이론에 따르면, 정신과 문화는 단순히 경제의 수동적인 반영일 뿐이다. 즉 경제구조인 토대가 거울에 비친 것처럼 상부구조인 정신과 문화를 결정한다는 것이다. 그러나 경제 결정주의에서 벗어나 토대가 상부구조의 테두리만을 정해준다는 주장에 따르면, 문화는 상대적인 독립성을 가지고 있다고 본다. 이것은 흔히 고전적 마르크주의가 아닌 개량된 서구 마르크주의의 입장이다. 다음은 마르크스가 1859년의 『정치경제학비판서문』에서 밝힌 토대와 상부구조의 관계에 관한 내용이다.

> 그들 삶의 사회적 생산에 있어 인간들은 필수불가결하면서, 그들의 의지에 독립해 있는 일정한 관계, 즉 그들의 물질적 생산력의 일정한 발전단계와 상응하는 생산관계 속으로 진입한다. 이러한 생산관계의 총화가 사회의 경제적 구조를 형성한다. 이 경제적 구조가 진정한 기초이며, 이 기초 위에서 법적, 정치적 상부구조가 대두하고 일정한 사회적 의식이 상응한다. 물질적 삶의 생산양식이 사회적, 정치적, 지적 삶의 과정 일반을 조건 짓는다. 존재를 결정하는 것은 인간의 의식이 아니다. 오히려 반대로 인간의 사회적 존재가 의식을 결정한다. […] 발전의 일정한 단계에서 사회의 물질적 생산력은 기존 생산관계와 갈등을 일으킨다. 그러면 사회적 혁명의 시대가 시작된다. 경제적 기초가 변함에 따라 광대한 상부구조 전체가 다소 빠르게 변화한다.

마르크스주의적 관점에서 대중문화는 토대를 반영하고 있는 상부구조의 이데올로기 형태 중 하나이다. 이러한 관점에서 대중문화를 설명하기 위해서는 이들이 생산된 역사적 시기와 역사적 상황에 기반을 두고 분석해야 한다. 마르크스적 관점에서 역사적 상황은 궁극적으로 경제적이기 때문에 문화요소들은 경제요소들의 수동적 반영이 되고 만다. 스토리Story는 이러한 시각에서 대중문화예술은 토대인 경제구조의 반영일 뿐이며, 문화예술의 속성일 수 있는 창조적 가치나 예술성 같은 것은 그다지 중요한 의미를 가지지 않는다고 보았다(1993).

허위의식으로서의 이데올로기

이데올로기는 한 사회집단의 사상이나 행동, 생활방식 등을 근본적으로 제약하는 관념이나 신조의 체계를 말한다. 즉 사회적 입장을 반영한 의식의 체계이다. 마르크스는 이데올로기를 허위의식이라고 정의하였다. 마르크스와 엥겔스Friedrich Engels는 『독일이데올로기』에서 "지배계급의 사상은 어느 시대에서나 지배적인 사상이다. 즉 한 사회에서 물질적 지배력을 갖는 계급은 동시에 지적 지배력도 갖는다"고 했다. 이 말은 물질적 생산수단을 소유하고 통제하는 지배계급은 사실상 지적 생산수단을 통제할 힘도 함께 갖는다는 것이다. 따라서 마르크스 이데올로기론의 근거는 경제적 요인에 있으며, 경제력에 바탕을 둔 지배계급의 신념을 피지배계급이 채택하게 되면, 그것이 곧 '허위의식'으로서의 '이데올로기'가 된다고 보는 것이다. 마르크스는 이데올로기란 "역사적 현실을 현실적으로 보지 않고, 비현실적으로 이해하고 설명하는 전도된 사회의식 체계"이기 때문에 현실과 지배관계, 피지배계급과 지배계급 사이의 진실을 은폐시키고, 지배질서를 재생산하는 역할을 한다고 보았다. 따라서 피지배계급이 지배계급의 이데올로기를 자신들의 이데올로기라고 생각하는 것은 허위의식으로서 이데올로기를 가지는 것이 된다.

가상의 TV 드라마를 예로 들어보자. 드라마의 주인공은 경제적으로는 어렵지만, 행복하게 살고 있는 한 공장 노동자의 가족이다. 그들은 자신들의 노동의 대가를 정당하게 받지 못하지만, 힘든 일이 끝나고 집으로 돌아오면, 따뜻한 밥상이 그들을 기다리고 있다. 그것이 당연히 자신들이 누려야 하는 행복인 듯 웃음꽃을 피우며 저녁을 먹는다. 다음날도 상황은 다르지 않다. 하지만 그들은 자신들의 힘든 삶을 당연하게 받아들이고, 사장이 주는 적은 월급봉투를 허리를 180도 굽혀 감사히 받는다. 이런 드라마를 보는 일반 노동자 대중들은 아무런 비판 없이, 오히려 자신들에게 일을 주는 지배계급에 감사하며, 이러한 사회적 관계를 그대로 받아들이게 된다. 이것이야말로 현실과 지배관계를 은폐시키는 대표적인 허위의식의 이데올로기가 된다.

루카치는 그의 『역사와 계급의식』에서 혁명이 일어나지 않는 이유는 노동자들이 스스로 계급의식이 없기 때문이라고 하였다. 루카치는 계급을 두 가지 차원으로 나누어 정의 내렸다. 즉 노동과정에서 어떤 일을 하고 있는지의 여부에 따라 정해지는 '객관적 계급'과 스스로 자신이 특정한 계급에 속한다는 것을 아는 '주관적 계급의식'이다. 그는 이 두 계급의식이 일치해야 해야만, 혁명이 일어날 수 있다고 하였다. 하지만 당시 유럽의 노동자들은 자신을 중산층으로 여기거나 자본가 계급과 동등하다고 믿고 있었기 때문에 기존의 질서를 인정하고, 혁명의 의지를 가지지 않는다고 여겼다. 그는 진정한 계급의식을 갖지 못하는 이유가 허위의식인 이데올로기가 끊임없이 방해하고 있기 때문이라고 보았다.

허위의식으로서의 이데올로기 발생을 루카치는 자본주의의 시장구조와 상품구조에서 찾는다. 자본주의 사회는 물건의 원래 가치인 사용가치와 물건이 팔림으로써 생기는 가치인 교환가치 중 교환가치를 더 우위에 놓는다. 자본주의 초기에는 모든 물건을 사용하기 위해 만들었으나, 자본주의가 발달하면서 물건은 팔기 위해 만들어졌다. 즉 상품의 가치는 팔리느냐 팔리지 않느냐로 결정되었고, 모든 물건은 돈으로 사고 팔 수 있다는 생각이 지배적이었다. 그것은 물건 안에 숨겨져 있는 자본과 노동의 가치를 모두 빼버리는 왜곡된 의식의 과정인 것이다. 루카치는 계급의식이란 개인이 스스로 자신의 계급을 깨닫고 혁명의지를 지니게 될 때, 그 가치를 갖게 되므로 자신들이 있는 세계를 '허위의식' 안에서 보고 경험할 경우 계급의식을 갖기는 어렵다고 보았다.

마르크스주의 문화론으로부터 많은 도움을 받고 영향을 받은 경우에도 고전적 마르크스주의문화론에 반대하거나 비판하는 사람들이 많다. 구조주의 마르크스주의자는 언어, 의미화 과정, 이데올로기 등을 설명하기에는 마르크스주의가 설명하지 못하는 점이 많다고 비판한다. 문화주의자는 마르크스주의가 역사과정에서 인간을 도외시했다는 데 초점을 맞추고, 그것을 다시 집중적으로 조명하고 나섰다. 이처럼 마르크스주의로부터 혜택을 받은 많은 문화이론이 마르크스주의를 비판하며, 자신들의 논지를 펼치고 있다.

2) 프랑크푸르트학파의 문화론

프랑크푸르트학파는 1923년 독일 호르크하이머M. Horkheimer의 주도로 프랑크푸르트에 설립된 사회조사연구소Institut für Sozialforschung와 관련을 맺고 연구했던 학자들을 가리킨다. 프랑크푸르트학파를 구성하는 비판이론가에는 호르크하이머를 비롯하여 아도르노Theodor Adorno, 마르쿠제Herbert Marcuse, 프롬Erich Fromm, 뢰벤탈Leo Löwenthal 등과 제2차 세계대전 후에 다시 문을 연 연구소에서 배출된 제2세대의 연구자 하버마스Jürgen Habermas와 슈미트A. Schmidt 등이 있다. 이밖에 아도르노의 친구이자 문학비평가인 벤야민Walter Benjamin도 공식적인 멤버는 아니었으나, 이들의 작업과 관련을 맺으면서 활동했다. 이들은 비판이론에 관해 서로 의견이 조금씩 달랐지만, 지속적으로 이데올로기를 비판함으로써 사회현상의 분석과 논의를 위한 비판적 관점을 발전시킨다는 점에서는 서로 일치를 보였다. 이들에게 이데올로기는 불평등하고,

호르크하이머(왼쪽), 아도르노(오른쪽), 하버마스(뒤쪽 오른쪽)의 모습(하이델베르크, 1965)

왜곡된 권력관계를 은폐하며, 불합리한 지배 질서를 정당화하는 것을 목적으로 현실을 왜곡하는 것으로 간주되었다.

1920~1940년대 유럽 사회는 전체주의 파시즘이 급격하게 대두하고 서구 사회주의가 몰락하던 때였다. 당시 노동자계급은 스탈린 정권과 히틀러, 프랑코 정권과 같은 전체주의 세력의 손에 장악되었고, 부르주아적 자유민주주의나 노동운동도 또한 이런 비이성적인 세력에 저항할 수 없었다. 즉 힘들게 살고 있는 노동자계급 스스로가 비판의식 없이 그 세력을 그대로 인정하고 받아들인 것이다. 이 같은 상황을 보면서 프랑크푸르트학파의 지식인들은 스스로 전체주의 세력을 선택한 노동자계급에 대해 깊이 절망하였고, 원자처럼 개별화된 대중사회는 결국 전체주의에 이르게 된다는 인식을 갖게 되었다. 이러한 인식은 프랑크푸르트학파의 대중문화론에 가장 중요하고 기본적인 토대를 마

련해 주었다.

이처럼 마르크스주의는 노동자계급을 사회변혁의 주체로 여겼었다. 그러나 예상과 달리 노동자들은 사회주의 정당이 아니라 전체주의인 파시스트 정당을 지지했고, 결과적으로 유럽에서 파시즘이 대두할 기반을 만들어 주었다. 결국 비판이론가들은 노동자들의 의식이 그들 스스로 자율적으로 갖게 된 의식이 아니라, 지배계급에 의해 주어진 허위의식이며, 그래서 주체적으로 현실을 변화시키려 하지 않고 그대로 현실에 안주해 버린다는 결론을 내리게 되었다. 마르크스주의는 노동자들의 그러한 의식전환을 설명하지 못했고, 프랑크푸르트학파는 인간의 의식구조가 토대인 경제적 조건에 의해 직접적으로 결정되는 것이 아니라는 주장을 내세우면서, 마르크스주의를 수정하려 하였다.

비판이론

비판이론Kritische Theorie; Critical Theory은 프랑크푸르트학파들이 자신들의 이론을 지칭한 것이다. 원래 마르크스에게 있어서 비판의 개념은 특정한 역사의 형태에서 겉으로 드러나 있는 현상과 안에 가려져 있는 진실과의 괴리를 폭로하는 것을 의미하였고, 이것을 이데올로기 비판이라고 한다. 이데올로기 비판은 은폐되어 있는 지배관계를 드러내고 비판함으로써 진실을 세상에 알리고 피지배계급을 해방에 이르게 한다는 것이다. 프랑크푸르트학파는 이러한 비판의 개념을 문학과 예술, 대중문화 등에 적용하여 그것들 속에 은폐되어 있는 왜곡된 이데올로기를 비판하려고 하였다. 또한 이를 통해 사회를 변화시키려고 하였다.

이러한 사회변화의 가능성을 프랑크푸르트학파는 인간의 행위에서 찾고자 했다. 사회변화는 인간의 실천에 의해 가능한 것이며, 그러한 실천을 가능하게 하는 것이 바로 비판의식이라고 생각한 것이다. 비판은 현실에 존재하는 모든 비합리적인 것에 대한 단호한 거부에서 시작된다. 프랑크푸르트학파의 중요인물 중 한 사람인 마르쿠제는 이것을 '위대한 거부Grosse Ablehnung; Great Refusal'라고 불렀다. 비판이론가들에 따르면, 대중문화는 바로 그러한 비판의 정신, 즉 위대한 거부의 가능성을 차단하는 역할을 한다. 결국 비판이론가들은 노동자들의 의식이 그들 자신이 주체적으로 가지는 것이 아니라, 지배계급에 의해 주어진 허위의식으로 간주했다. 그 때문에 더 이상 현실을 변화시키려 하지 않는다고 단정했다.

또한 프랑크푸르트학파의 이론가들은 대중문화라는 용어를 부적절한 용어로 보았다. 왜냐하면 대중문화는 마치 그것이 대중이 자발적으로 만들어 낸 문화라는 뜻으로 받아들여질 위험이 있기 때문이라는 것이다. 그 대신에 '문화산업'이라는 용어를 사용했다. 이들의 문화연구가 주로 이루어졌던 1930년대 후반에서 1940년대 초반에는 오락산업의 융성, 매스미디어의 급속한 발전, 전체주의 정권에 의한 문화조작, 미국에서의 영화산업과 음반산업의 급속한 발전 등이 당시의 문화적 배경을 이루고 있었다. 따라서 대중문화가 아니라, 자본가들에 의해 대량으로 만들어진 문화산업이라는 것이 그들의 주장이다.

프랑크푸르트학파가 특히 주목했던 것은 시장기능 침투에 의한 사물화Verdinglichung; Reification현상이다. 사물화는 비인간화 현상을 뜻하는 말로 물질숭배와 비인간중심주의와 깊은 관련이 있다. 사물화란 인간들 사이의 질적인 관계가 상품 사이의 양적인 관계로 바뀌는 현상을 말한다. 고급호텔 레스토랑에서 마시는 커피 한 잔 값과 일반적인 식당의 한 끼 식사 값이 같다면, 그것은 두 상품의 교환가치가 같다는 의미이다. 그러나 두 상품의 생산에 투여된 인간의 노동과 땀의 가치가 같을 수는 없다. 사물화는 이렇게 같을 수 없는 인간의 가치를 같은 것으로 만든다. 이렇게 사물화된 인간관계가 일반화되면서, 인간은 인간으로서의 가치를 잃게 되고, 단지 기능을 가진 대치될 수 있는 하나의 소모품으로 전락하고 만다. 인간의 자율성, 자발성, 비판의식 같은 것은 무시된다.

프랑크푸르트학파의 이론가들은 자본주의 사회의 산업화된 대중문화가 사물화된 의식을 조장하고 어쩔 수 없다는 숙명론과 무력감을 심어 준다고 비판한다. 그렇게 함으로써 현대의 독점자본주의 체제가 유지되고, 재생산될 수 있도록 한다는 것이다. 사물화된 세계에서 사람들은 깊은 무력감과 소외를 겪게 되지만, 대중문화가 제공해 주는 환상적 현실 속으로 도피함으로써 그러한 모순을 깨닫지 못하고, 현실에 안주하게 된다. 한때 텔레비전을 바보상자라고 말하기도 하였는데, 이는 텔레비전을 보면서 대중들이 자신도 모르는 사이에 비판의식 없이 현실을 받아들이고 만족하는 것을 비판하는 의미였다.

프랑크푸프트학파의 비판이론가들은 대중문화에 대한 대안으로 자율예술의 개념을 주장하였다. 이는 현실의 비판적 분석을 통해 합리적인 사회의 가능성을 제시하는 예술이며, 현실의 모순을 그대로 드러내는 예술이다. 그에 반해 문화산업인 대중문화는 조작된 산물이라는 것이 그들의 생각이다. 그래서 아도르도는 당시의 전위적인 예술, 특히 쇤베르크Arnold Schönberg, 1874~1951의 현대음악에 높은 가치를 부여했다. 쇤베르크는 기존의 7음계 대신 12음계를 파격적으로 사용하였다. 그러나 창조적인 자율예술은 필연적으로 대중의 보편적 정서와 거리가 멀었고, 대중의 힘을 모을 수 없었다. 결국은 전위예술 역시 소수만이 향유하는 엘리트주의적이라는 한계를 가지게 되었다.

문화산업

문화산업이란 프랑크푸르트학파가 자본주의적으로 대량생산된 대중문화를 지칭하는 말이다. 프랑크푸르트학파가 관심을 가지고 있는 부분은 이데올로기가 어떻게 인간 주체성을 말살하고, 비판적 정신마저도 소멸시키는가 하는 점이다. 또한 예술의 비판적 기능이 완전히 사라졌는지, 아직 남아 있는지에 대해서도 관심을 가졌다. 프랑크푸르트학파는 비판정신이 어떻게 사라져 가는지의 과정을 추적하면서, 거기에 문화산업이 많은 영향을 주었을 것으로 파악한다.

사람들은 문화산업이 커짐에 따라 화려한 소비생활의 중심에 서게 되고, 풍요로운 문화콘텐츠를 소비하면서, 자신들도 풍요로운 사회에 살고 있다는 '허위의식'을 갖게 된다. 대중들은 원하기만 하면, 집에서 영화를 볼 수도 있고, 손쉽게 쇼핑을 하거나 여행을 갈 수도 있다. 이미 대중들은 스스로를 중산층에 포함시키거나 그럴 수 있을 거라고 생각한다. 문화산업으로 생산된 대중문화와 화려한 소비는 획일적인 세계관을 갖게 하여 대중으로 하여금 아무런 거부 없이 수동적으로 문화를 수용하게 한다.

프랑크푸르트학파는 문화분석을 루카치가 명명한 상품의 사물화 논리로까지 확장한다. 문화산업은 경제적 작용과 이데올로기적 작용을 함께 한다. 문화산업으로 생산된 대중문화는 대중의 허위의식을 만들고, 그를 통해 자본을 재생산할 뿐만 아니라, 대중이 자신의 객관적인 이익을 알아차리지 못하도록 한다. 문화산업은 대중의 허위의식을 만들어내기 위한 대중문화, 자본가의 이익 창출을 위한 대중문화를 만들어내는 사회적 도구가 되었다. 문화산업은 끊임없이 소비를 자극하고, 대중의 소비를 부추기는 상품을 만들어 낸다. 대중의 기대는 곧 실질적인 소비로 이어지고, 결국 자본주의 사회에 대한 비판적인 정신을 소멸시킨다. 대중은 자신의 노동으로 번 돈을 대중영화를 보면서 소비하고, 주인공에 동화되어 열광한다. 그리고 그들도 주인공처럼 행복해질 거라고 기대한다. 영화의 주인공이 입은 옷을 사고, 헤어스타일을 따라하는 경우도 있다. 결국 문화산업은 대중의 소비행위를 부추길 뿐만 아니라, 그들의 비판정신마저도 없애는 것이다.

이처럼 프랑크푸르트학파가 문화산업에 대해 분석하며, 대중매체에 대해 비판하는 것은 문화산업 자체보다는 그것이 낳는 정치적 효과와 관련되어 있다. 문화산업은 특히 지배계급과 독점자본주의의 이익을 대변한다. 문화산업이 대상으로 삼는 주 소비자는 문화산업에서 쏟아내는 많은 문화콘텐츠를 비판 없이 주어진 대로 받아들인다. 이로 인해 어떠한 형식의 비판이나 저항도 없으며 문화산업이 내놓은 문화적 내용은 그대로 대중에게 수용된다. 독점 자본가에 의해 관리되는 대중매체를 통해서는 진보적인 사상을 표현하거나, 자본주의에 반대하는 행동을 하는 것이 사실상 불가능하다. 이런 점에서 프랑크푸르트학파는 문화산업에 대해 특히 부정적이다.

발터 벤야민의 예술이론

프랑크푸르트학파에 속해 있으면서도 주류에서는 조금 벗어난 입장을 취했던 벤야민Walter Benjamin은 대중문화와 관련하여 각각 '예술의 정치화'와 '정치의 예술화'라는 표현으로 자신의 입장을 나타냈다. 『기술복제시대의 예술작품Das Kunstwerk im Zeitalter seiner technischen Reproduzierbarkeit』(1935)에서 벤야민은 당시의 사회적 변화를 긍정적으로 평가하였다. 그는 이 논문에서 기술복제시대의 가장 두드러진 특징을 예술의 본질적 변화라고 보았다. 그리고 사진기술의 발달과 철도의 발달을 통한 영상기술의 발달에 따른 예술의 본질적 변화에 대해서 기술했다. 사진기술의 발달은 기존에 회화예술이 가지고 있던 아우라aura의 붕괴를 초래한다고 설명한다. 아우라란 예술의 원작이 갖는 신비한 분위기나 예술의 유일성을 뜻하는데, 이러한 아우라의 붕괴가 오히려 예술을 촉진하고 발달시킨다고 주장했다. 즉 아우라가 가지던, 엄숙하고 기득권적인 소수의 종교적 가치나 예술적 가치가 사진기술의 발달을 통해 붕괴되었다는 것이다. 소수의 사람들만 볼 수 있던 특별한 것이 누구나 볼 수 있는 가치로 변화되어 예술의 대중성을 이끌었고, 이것은 궁극적으로 예술의 민주주의를 가져왔다고 평가했다. 또한 사진기술의 발달은 단순한 상황이나 인물의 재현에 그쳤던 기존의 회화를 탈피시켰고, 회화가 예술로서 진정한 가치를 가질 수 있도록 해방시켰다고 하였다.

그러나 유럽에 등장한 파시즘 체제는 급진적 경향의 아방가르드 미학을 억압하고 사회 전체의 유기적 전체성을 강화하기 위해서 민족영웅을 미화하고, 전쟁의 숭고함을 강조하는 등 기존 예술의 징표였던 아우라를 복원하기 시작했다. 이와 같은 파시즘 미학의 경향을 벤야민은 '정치의 예술화'라고 일축했다. 즉 왜곡된 정치적인 요소에 아우라를 줌으로써 아름다운 예술로 변질시키는 것을 단호히 거부해야 한다는 입장이었다.

그에 대립되는 자신의 미학적 경향성에 대해 벤야민은 '예술의 정치화'라는 반대 개념을 설정하였다. 과거에는 대중이 예술을 수용할 때, 자신을 작품에 동화시키고 등장인물과 동일시함으로써 신비적 일체감을 체험하는 태도였다면, 대량생산이 가능해진 현대의 예술에는 일정한 거리를 유지하면서 비판적 태도를 가질 수 있게 된다고 보았다. 기술적 복제에 의해 야기되는 예술의 이러한 기능변화를 벤야민은 '예술의 정치화'라 정의 내렸다.

이는 종래의 예술미학을 재활용하는 파시즘 미학의 보수 이데올로기를 파괴하기 위해서 예술작품의 아우라를 파괴한다는 뜻의 정치적 성격을 고려한 것이다. 벤야민의 구상은 그의 절친한 동료였던 브레히트의 서사극과 소외효과를 염두에 둔 것이었다. 브레히트의 서사극 역시 종래의 전통극의 동화 개념에서 벗어나 연극에서 거리를 두고 그 주제나 상황, 혹은 우리의 사회현상에 대해 비판적 시각을 가지게 하는 연극이다. 이런 점에서 브레히트와 벤야민은 같은 생각을 가지고 있었다. 또한 벤야민은 복제기술의 첨단에 서 있는 영화예술에서 파시즘 미학에 저항할 가능성을 발견하였다. 그는 다른 프랑크푸르트 학파의 이론가들과 달리 대중매체와 대중문화가 지닌 부정적 가능성을 인식하면서도 대중문화의 진보적 가능성 또한 이야기하고 있다.

3) 구조주의 문화론

구조주의의 기원은 일반적으로 스위스 출신의 언어학자인 소쉬르 Ferdinand de Saussure, 1857~1913의 기호학에서 찾을 수 있다. 소쉬르는 1857년 스위스 제네바에서 태어나 라이프치히대학에서 언어학을 공부했다. 그의 구조주의 언어학 연구는 1880년 파리로 건너가면서 절정에 이르렀다. 소쉬르는 현대 언어학의 아버지, 구조주의의 원류, 기호학의 창시자로 불리고 있으며, 그의 연구는 20세기 인문학 전 분야에 걸쳐 영향을 끼쳤다.

그는 기호가 글자나 소리, 영상 등의 물리적 실체로 표현된 기표signifiant와 그것이 의미하는 기의signifié로 구성된다고 보았다. 또한 소쉬르는 파롤parole과 랑그langue를 구분했다. 랑그는 언어의 문법적 체계(구조)를 뜻하고, 파롤은 개별적인 언어 표현을 뜻한다. 다양한 파롤을 통해 랑그의 체계를 밝히는 것이 기호학이라 할 수 있듯이, 문화에서도 개별적 문화 현상을 통해 전체적인 문화체계인 랑그를 밝힐 수 있다는 것이 구조주의 문화이론가들의 생각이다.

구조주의 이론이 대중문화연구에 적용될 때, 그것은 주로 대중문화 텍스트 내에서 의미해석을 가능하게 하는 규칙을 밝혀내는 작업에 초점이 맞추어졌다. 여기서 말하는 규칙이 곧 구조가 되는데, 그것을 밝히는 작업은 결과적으로 텍스트 내에 숨어 있는 지배이데올로기를 밝혀내는 작업이다. 대중문화 텍스트의 의미가 그 자체에 내재해 있거나 작가에 의해 만들어지는 것이 아니라 '구조'에 의해 생성되는 것이라 할 때, 그 구조란 결국 그 텍스트를 생산한 사회적 구조에서 나오는 것이다. 이는 곧 그 사회의 지배이데올로기를 말한다.

후기 구조주의를 구조주의와 명백히 분리하는 것은 어려운 일이나, 후기 구조주의자들은 초기 구조주의에 비해 의미창출을 가능하게 하는 외적인 구조인 사회적 과정, 계급, 성별, 인종, 문화 등에 관심을 기울인다. 후기 구조주의자들은 기표와 기의, 랑그와 파롤 같은 이분법적 개념이나, 일대일 대응으로 문화를 이해하고자 하는 초기 구조주의자들을 비판하며, 하나의 기표는 하나의 기의에 대응하지 않으며 끊임없이 이어지는 기표의 연쇄만 있다고 생각한다. 즉 하나의 기표를 해석하기 위해 또 다른 기표를 사용해야 하는 기표 사용의 연속이라고 생각하였다.

레비-스트로스와 구조주의

레비-스트로스Claude Levi-Strauss, 1908~2009는 소쉬르의 이론을 야콥슨이란 스승을 통해 받아들이고, 인류학에 알맞게 적용시켜 사회과학에 구조주의를 들여왔다. 구조주의 담론에 레비-스트로스가 공헌한 점들을 이해하기 위해 그가 구조주의 언어학에서 무엇을 받아들였고, 받아들인 부분을 문화분석에 사용하기 위해 어떻게 개정했는지 알아볼 필요가 있다. 이를 정리하면 다음과 같다.

첫째, 구조주의 언어학은 의식하고 있는 언어현상에 대한 연구를 무의식의 하부구조에 대한 연구로 방향을 바꾼다. 따라서 한 개인이 말을 할 때, 문법규칙을 인식하지 못하는 것처럼 문화의 구성원들도 문화를 생성할 때, 그들의 행동과 제도를 지배하는 근본구조를 인식하지 못한다고 보았다. 그래서 레비-스트로스는 전반적인 문화분석에서도 문화분석의 초점 역시 밖으로 보이지 않는 무의식의 구조로 방향을 바꿔야 한다고 주장한다.

둘째, 구조주의 언어학은 낱말들을 독립적인 실체로 다루기보다는 용어들의 관계를 분석하는 기본개념으로 받아들인다는 점을 인정한다. 따라서 문화영역에서도 레비-스트로스가 관심을 갖는 기본구조는 자체적으로 의미를 갖고 있는 고정된 범주들이 아니라, 용어들의 관계라고 주장한다.

셋째, 구조주의 언어학은 일반법칙들을 발견하려는 목적을 가지고 있다는 점을 인정한다. 따라서 구조주의 언어학처럼 인류학 역시 문화 시스템을 지배하는 일반법칙을 공식화할 수 있어야 한다고 주장한다(Surber, 1998).

문화분석에 원용하기 위해 구조주의 언어학을 수정한 부분은 1955년에 레비-스트로스가 발표한 「신화에 대한 구조주의적 연구」라는 논문에서 나타난다. 구조주의 언어학이 소쉬르가 구분한 파롤과 랑그로 시작하고 연구대상을 랑그로 삼았던 반면, 레비-스트로스의 신화연구는 두 가지 차원 모두를 포함한다는 점에서 구조주의 언어학과 레비-스트로스의 구조주의 문화론은 다르다. 레비-스트로스는 신화를 분석하는 경우 한편으로는 연속적인 시간상의 흐름에 주목해야 하며, 다른 한편으로는 구조의 특징을 나타내는 정기적으로 나타나는 주제들을 인식해야 한다고 생각했다. 즉 연속적으로 이어어지는 이야기와 그 이야기를 양자대립되는 구조적인 틀 속에서 분석한다는 것이다.

그에게 신화의 궁극적인 의미는 현실문제의 의미를 구조화하고 이해하는 개념적 방법인 이항대립적 개념을 관계 내에서 발견하는 것이다. 결국 신화분석가들이 신화를 분석하는 목적은 특정 사회가 당면하고 있는 심층적인 문제에 도달하고, 신화가 이러한 문제들을 구조화하고 중재하는 방식을 분석하며, 전체 사회에 유통되는 신화적인 사고방식을 파악하는 것이다(Fiske, 1990).

일반적으로 레비-스트로스의 많은 연구 가운데 대중문화연구와 관련해 가장 많이 인용되는 것은 신화분석이다. 신화는 입에서 입으로 전해지는 이야기처럼 우리에게 친숙하게 다가온다. 하지만 그 이야기 속에는 항상 이항대립적인 구조가 존재하고 있다. 선신과 악신의 대립, 거대한 자연과 대립하지만, 혼자 헤쳐 나갈 수 없는 무력한 인간을 도와주는 신의 이야기 등 이렇게 친숙한 신화의 개념을 레비-스트로스는 대중문화의 분석에 이용한 것이다. 레비-스트로스에게 영향을 받은 많은 문화분석 학자들은 신화분석에서 이항구조 모델을 적용해 신문, 영화, 광고, 텔레비전 등 다양한 대중매체 텍스트의 관습구조를 파악할 수 있게 되었다. 예를 들면 서부영화나 첩보영화의 분석에도 활용할 수 있는데, 두 영화 모두 주인공과 악당이라는 이항구조를 가지고 있다. 또한 그들 사이에 여러 가지 우여곡절이 있지만, 결국은 주인공이 승리한다는 기본구조를 가지고 있다. 레비-스트로스의 구조주의적 신화연구는 대중문화로 생산된 것과 실제 사이에는 어떤 관계가 있는지에 대한 새로운 인식을 제공함으로써 대중문화의 비평분야에 큰 공헌을 했다.

롤랑 바르트의 신화분석

신화를 이야기로서 개념화한 레비-스트로스와는 달리 마르크스주의자인 바르트Roland Barthes, 1915~1980는 신화를 일종의 이데올로기라고 주장하였다. 바르트는 신화가 오래 된 것이든지, 새로운 것이든지 간에 특정한 시기에 지배집단으로 자리 잡은 특정한 사회계급의 산물이라고 본다. 신화란 현대의 여러 가지 현상들이 고대의 신화처럼 너무 익숙해져서 당연한 것이고, 의심할 필요가 없게 만드는 것이다. 그는 신화의 형태와 개념은 반드시 역사적 발생동기를 수반하지만, 신화는 역사적 동기를 은폐하고 그것이 전달하는 의미를 극히 자연스럽고 당연한 사실로 제시하여 일반적인 상식으로 통용시켜버린다고 하였다.

지금은 많이 달라졌지만, 얼마 전까지만 하더라도 전통적인 가부장제가 뿌리 깊은 한국 사회에서 남성보다 여성이 본질적으로 양육과 가사에 더 적합하다는 신화는 일반적인 통념이었다. 이러한 신화는 신문이나 잡지 같은 대중매체를 통해, 혹은 텔레비전의 상품 광고를 통해 대중매체의 수용자들에게 수없이 주입되었다. 드라마에서 여성은 전업주부로서 아침식사를 준비하고, 남성은 남편으로서 소파에 앉아 신문을 읽는 장면이 아주 자연스럽게 제시되었다. 또한 아기 분유 광고에서 주인공은 항상 여성으로 고정되어 있다. 드물게 남성이 함께 광고에 출연하는 경우에도 남성은 조연으로 다만 화목한 가정이라는 이미지를 부각시키기 위한 부수적인 인물이었다. 이 같은 장면은 대중매체에서 너무나 흔히 볼 수 있는 것이었고, 우리는 그것을 당연하고 자연스럽게 받아들였다. 따라서 남성은 '자연스럽게' 한 가정의 생계를 유지하는 역할을 하게 되며, 여성의 자연적인 역할은 가정에서 자녀를 키우고 보살피는 것으로 굳어진다. 피스크John Fiske, 1990~는 이와 같이 신화란 그 의미를 자연의 일부로 제시함으로써 자신의 역사적 기원을 위장하고 스스로를 자연스럽게 보편화한다고 지적하였다. 또한 신화의 의미를 변하지 않으며, 공정한 것처럼 보이게 함으로써 남성과 여성의 예에서 드러나는 것처럼 사회관계에서 생기는 정치적 효과를 숨겼다고 주장한다.

바르트는 세제광고를 예를 제시하였는데, 하얀 거품이 이는 세제광고는 깨끗함과 순수함을 강조함으로써 세제의 나쁜 점을 간과하게 한다는 것이다. 또한 그는 대중들은 세제광고를 보면서 환경오염이나 세제 속에 함유된 나쁜 물질에 대한 생각은 잊어버리고, 세제가 찌든 때를 깨끗하게 만들어 주는 단면만 보며 비판의식은 갖지 않게 된다고 생각한다. 그의 신화분석에서 기호학은 메시지를 구성하는 기호 체계의 내적 구조를 분석하는 것으로서 결국은 이데올로기 분석으로 이어진다. 바르트가 개념화한 보편적 의미구조, 즉 현대의 '신화'는 마르크스의 이데올로기 개념과 일치한다. 바르트의 신화개념에서 볼 때, 한 사회의 보편적 의미구조는 개인이 한 사회를 해석하는 기준이 된다. 이는 마르크스가 논의한 지배의식으로서의 이데올로기 개념이다.

이러한 그의 신화개념은 신문, 잡지, 광고, 방송 등의 대중매체를 비판적으로 분석하기 위한 이론적 틀뿐만 아니라, 방법론적 분석의 틀로도 적용되고 있다. 또한 현대의 많은 문화이론가들이 문화 전반의 심층적 구조를 설명하는 데 필요한 확실한 문화이론의 한 요소가 되었다.

알튀세르의 주체구성론

마르크스적 구조주의자이자로 잘 알려진 알튀세르Louis Althusser, 1918~1990는 이데올로기가 단지 어떤 사상들의 집합체가 아니라, 구체적이고 물리적인 실체를 가지고 생산, 재생산되는 것이라고 보았다. 생산관계의 재생산은 다시 말해 한편으론 억압적이며, 다른 한편으론 이데올로기적인 국가기구 내에서 국가권력을 행사함으로써 보장된다. 억압적 국가기구repressive state apparatus는 경찰, 법정, 감옥, 군대 등을 말하며, 지배계급에게 노동자계급에 대한 지배를 보장한다.

이데올로기적 국가기구ideological state apparatus는 종교, 교육, 가족, 법, 정치, 노동조합, 커뮤니케이션, 문화를 말한다. 사람들은 이데올로기적 국가기구에 적극 참여함으로써 스스로 이데올로기적 실천을 행한다. 이 과정에서 모든 이데올로기는 구체적인 개인을 주체로 구성하는 기능을 한다.

개인을 주체로 구성하는 것이 이데올로기라는 알튀세르의 개념은 특히 대중문화의 연구에 많은 영향을 미쳤다. 그는 이데올로기의 기능을 설명하기 위해 호명(불심검문; interpellation)이라는 개념을 도입한다. 어떤 사람이 길을 가는데 경찰관이 그 사람을 부르면, 그 사람은 그 소리가 자신을 대상으로 하고 있다고 생각하고 돌아보게 된다. 다시 말하면, 그 사람은 경찰관의 호명으로 인해 객체가 되었다가 다시 돌아보는 주체가 된 것이다. 그는 무의식적으로 자신이 자율적으로 스스로 참여함으로써 주체가 되었다고 생각한다. 이데올로기에 의한 주체의 구성은 바로 그와 같은 과정으로 이루어진다는 것이다. 흔히 우리가 할리우드 영화라고 말하는 미국영화를 생각해 보자. 많은 할리우드 영화들이 남성우월주의를 내세우며, 미국이 세상을 구원한다는 내용으로 이루어져 있다. 우리는 이런 영화를 보며 자연스럽게 박수갈채를 보내며, 자신도 모르는 사이에 영화 속 주인공의 시선으로 세상을 인식하게 된다. 영화가 만들어 준 주체성의 개념을 그대로 받아들이는 것이다. 극단적인 경우에는 이와 같은 영화를 보며 미국이라는 강대국이 약소국에 행하는 불합리한 일들에 대해서 아무런 비판 없이 받아들이게 될 수도 있다는 것이다.

알튀세르의 이데올로기적 주체구성의 이론을 적용한 많은 대중문화의 연구는 대중문화 텍스트가 이런 방식으로 수용자 대중의 주체성을 구성해 냄으로써 결과적으로 자본주의의 지배이데올로기를 재생산하는 기능을 하고 있음을 비판하고 있다. 이런 분석에 따르면, 사람들은 항상 자본주의의 생산양식이 요구하는 모든 이데올로기적 관습에 맞게 재생산된다. 그들은 어떤 갈등도 하지 않고, 투쟁이나 저항의 행동도 보이지 않는다. 예를 들어 텔레비전 광고에서 상품을 광고할 때, 텔레비전을 보고 있는 대중들 모두는 광고가 자신들을 위한 것이라고 인식하게 된다. 그 순간 대중들은 광고가 제공해 주는 주체로 구성되는 것이다. 그러니까 스스로 주체가 된 것임이 아님에도 불구하고 대중들은 자신들 스스로 주체가 되었다고 믿는 것이다. 그의 이데올로기론은 한편으로는 대중문화의 텍스트가 호명을 통해 대중을 주체로 구성하고 이들이 이데올로기적 국가기구에 참여할 수 있다는 가능성을 열어주었다. 하지만 다른 한편으로는 그러한 주체의 구성과정이 복잡하고 스스로 주체가 된 것이 아니라는 점에서 후기 구조주의 연구자들에 의해 많은 비판을 받고 있다.

4) 그람시의 헤게모니 이론

헤게모니Hegemonie; Hegemony는 이탈리아의 사상가 그람시Antonio Gramsci, 1891~1937에 의해 말해진 개념이다. 헤게모니 개념은 지배권력이 피지배자들의 자발적 동의를 통해 정당성과 지도력을 행사하는 방식을 의미한다. 즉 자본주의의 지배는 일방적인 힘의 관철이 아니라, 피지배집단으로 하여금 현재의 질서에 동의하는 것이 자기의 이익에 부합한다고 믿도록 상황을 정의함으로써 이루어진다는 것이다. 그것이 가능한 것은 헤게모니가 지배자들의 일정한 양보, 즉 타협을 전제로 한 것이기 때문이다. 따라서 자본주의 사회에서 억압과 착취가 일어나는데도 불구하고 폭동이나 혁명이 일어나지 않는 것은 이러한 타협이라는 헤게모

로마에 있는 그람시의 무덤: 노동운동 및 사회주의에 적극 관심을 가진 그람시는 대항 헤게모니를 창출할 수 있는 세력으로서의 지식인의 역할에 주목하였다.

니 개념이 적용되기 때문이다.

그람시는 마르크스와는 달리 인간의 능동성을 인정하며, 마르크스의 허위의식으로서 이데올로기에 대한 관점을 수정해 헤게모니 이론을 제시하였다. 그는 현실과 지배 관계를 은폐하고 축소시킴으로써 지배질서를 재생산하는 허위의식으로서 이데올로기론을 수정하였다. 구체적으로, 그람시는 이데올로기를 "인간이 활동하고 그들의 위치를 의식하며 투쟁하는 지반"으로 정의하면서, "이데올로기는 전투의 장으로, 끊임없는 투쟁으로 보아야 한다"고 하였다(Mouffe, 1979). 이러한 관점에서 그는 이데올로기를 지배계급이 피지배계급에게 부과하고 피지배계급은 일방적으로 그것을 자신의 이데올로기로 인식하는 것이 아니라, 이데올로기를 지배계급과 피지배계급이 펼치는 투쟁의 장으로 보았다. 즉 토대가 상부구조를 결정한다는 정통 마르크스의 개념을 수정해 상부구조가 상대적으로 자율성을 가진다고 보았다.

헤게모니 개념은 대중문화와 관련해서도 중요하게 적용된다. 대중문화를 헤게모니 투쟁의 영역으로 본다는 말은 대중문화가 일방적인 지배이데올로기의 장도 아니고, 그렇다고 민중의 자발적인 영역도 아니라는 의미이다. 대중문화는 기존의 지배적인 질서나 가치에 도전하고자 하는 시도와 이를 봉쇄하고 억압하면서, 기존의 지배적 질서를 옹호하려는 힘이 끊임없이 부딪치고 갈등하는 영역이라는 점이다. 헤게모니 이론에 따르면, 대중문화의 의미는 구조주의에서 말하는 것처럼 구조에 의해 결정되는 것도 아니며, 문화주의에서 말하는 것처럼 대중의 실천에 의해서 생겨나는 것도 아니다. 대중문화의 진정한 생성은 제시된 대중문화 텍스트의 구조와 대중들의 실천의 접합articulation에 의해 형성된다. 즉 구조의 반영이라 할 수 있는 텍스트와 그것을 수용하는 대중의 문화적 실천의 상호작용에 의해 발생한다. 여기서 대중이 주어진 텍스트를 어떻게 해독하고 실천하는가 하는 문제가 중요한 문제로 떠오르게 된다. 그런데 수용하는 대중들은 매우 다양하기 때문에 수용하는 방식도 다양할 수밖에 없다. 헤게모니, 즉 주도권을 누가 잡느냐에 따라 대중문화의 양상도 달라질 수 있다.

사회의 각 집단은 각기 다른 삶의 조건에서 살고 있고, 그들은 각기 다른 욕망과 필요에 따라 문화를 수용한다. 따라서 각각의 집단은 서로 다른 방식으로 주어진 문화를 수용하며 해석한다. 또 경우에 따라서는 이를 통해 특정한 집단이 다른 사회집단과 다른 문화적 관습을 공유하는 현상이 만들어지기도 한다. 결국 대중문화를 헤게모니의 영역으로 보면, 대중문화는 하나의 단일한 속성을 가진 문화가 아니다. 다양한 문화가 혼재하면서 갈등과 투쟁, 타협이 끊임없이 벌어지는 각축장이 된다. 이런 관점에서 보면, 대중문화는 서로 상충하는 이익과 가치들의 부딪히는 모순된 혼합의 장이다. 이는 지배자도 피지배자도 아닌, 자본가도 노동자도 아닌, 항상 양자 사이에 위치한 세력의 장이다. 상업적으로 제공된 문화산업의 대중문화는 선택적인 소비 등을 통해 제작자들이 의도하지 않은 전혀 다른 방식으로 다시 정의되고, 재형성되며, 방향이 틀어지기도 한다. 따라서 대중문화는 여러 가지 조합으로 지배적, 피지배적 또는 서로 상응하는 문화적, 이데올로기적 가치와 요소들이 뒤섞인 문화의 타협장소라고 할 수 있다.

그람시의 헤게모니론은 대중문화를 지배계급의 일방적 생산이 아니라, 피지배계급이 헤게모니를 통해 지배계급에 대해 저항하고 있다고 간주한다는 점에서 고전적 마르크스주의 전통과는 다르다. 그의 관점에서 대중문화는 프랑크푸르트학파가 생각하는 정치적 조작이 강요한 문화도 아니며, 마르크스주의적 구조주의자들이 이론화한 주체구성 장치도 아니다. 그람시의 헤게모니 개념은 문화 혹은 대중문화를 여러 가지 세력들이 경합하고 경쟁하는 장으로 이해하게 함으로써 대중문화의 역동성을 인식하게 했다는 점에서 큰 공헌을 했다. 이후 나오는 문화주의의 형성에 기여한 윌리엄스에게 문화주의와 마르크스주의의 융합을 가능하게 해준 것도 그람시의 공헌 중 하나이다.

5) 문화주의

문화주의는 주로 영국의 이론가들인 호가트Richard Hoggart, 윌리엄스Raymond Williams, 톰슨Edward Palmer Thompson 등의 연구에서 비롯된 문화연구에 대한 이론적 입장을 말한다. 문화주의에서 가장 중요한 특징은 문화의 수동적 소비보다 능동적 생산, 즉 문화를 생산하는 인간의 실천을 강조한다는 것이다. 문화주의는 문화를 교양의 개념으로 보았던 엘리트주의적인 관점을 비판하면서, 노동자계급을 중심으로 한 피지배계급의 현장감 있는 문화에 깊은 관심을 가졌다. 이들은 물질적 경제적 토대가 문화적 상부구조를 결정한다는 고전적 마르크스주의에 대해서도 반대하며, 문화가 물질적 토대에 대해 상대적인 자율성을 누리고 있다고 생각하였다.

문화주의는 인간의 문화적 실천을 중요하게 생각하지 않고 주로 구조에 의해 모든 문화의 의미가 결정된다는 구조주의의 입장에 반대하였다. 또 구조보다는 인간에 더 많은 관심을 가졌고, 지배계급보다는 피지배계급에 더 많은 관심을 기울였으며, 예술적 차원에서 질이 낮은 문화가 아니라 대중의 사상과 행위를 알 수 있는 의미 있는 자료로 간주하였다. 문화주의자들은 문화의 개념을 엘리트주의적 시각에서 벗어나 새롭게 정의했다. 즉 문화란 평범한 사람들의 일상적인 가치, 사상, 행동, 욕망 등이 종합된 것이 문화라고 생각하였다. 농촌에 있는 작은 마을의 예술제를 예를 든다면 논, 밭, 주변 모든 것이 예술의 대상이 될 수 있다. 마을 주민들이 창작하거나 전시한 작은 전시물들이 모두 그 마을의 문화를 보여주는 것이라고 할 수 있다.

윌리엄스의 감정구조론

영국의 문화이론가 윌리엄스Raymond Williams는 영국 웨일즈 지방의 노동계급 출신으로서 케임브리지대학 연극학과 교수를 지냈으며, 문화주의의 이론 형성에 지대한 영향을 준 학자이다. 윌리엄스가 문화연구의 발달에 미친 영향은 1958년에 발행된 『문화와 사회』에서 시작되었다. 그는 이 책에서 문화의 개념을 엘리트적이면서, 학문적으로 정의된 개념에서 분리시키려 했다. 또 인류학자처럼 문화를 평범하면서도 보편적인 것, 즉 '일상적인 것'으로 정의했다. 이 정의는 향후 문화연구가 일상적인 사회적 상호작용을 통해 의미와 가치를 창출하는 사람들의 삶의 경험lived experience에 초점을 맞추도록 방향을 틀어주었다(Williams, 1958).

그는 문화를 세 가지 방식으로 정의하였다. 첫째는 특정한 삶의 방식으로서 문화이다. 둘째는 특정한 삶의 방식의 표현으로서 문화이다. 셋째는 이 특정한 삶의 방식을 재구성하는 것으로서 문화이다. 즉 문화란 '어떤 특정 집단의 삶의 방식이자 표현이며 재구성된 것'이다. 이러한 문화를 분석하기 위해 윌리엄스는 '감정구조structure of feeling'라는 개념을 도입한다. '감정구조'란 특정한 집단이나 계급, 사회가 공유하는 가치들이다. 그는 모든 문화가 특별한 삶의 감각, 즉 특수하고도 특징적인 색깔을 갖고 있는데, 이것이 곧 감정구조이며, 그 세대의 문화라고 본 것이다(Story, 1993). 또한 윌리엄스는 문화를 과정에 있는 것이라고 강조했다. 그는 이데올로기 개념이 지니는 고정적이고 형식적인 면이 그의 문화주의 입장에 적절치 않다고 판단했으며, 이데올로기 개념을 포괄하고 넘어서는 '감정구조'와 함께 '헤게모니'라는 개념을 통해 그의 문화이론을 발전시켰다. 그는 헤게모니가 전반적인 사회적 과정으로서 문화개념을 담고 있는 것으로 파악했기 때문이다.

윌리엄스는 한 사회의 문화를 세 가지 영역으로 나누었다. 그것은 주도문화(지배적 문화dominant culture), 신흥문화(신생의 문화emergent culture), 잔여문화(남은 문화residual culture)이다. 주도문화는 특정 시대와 사회를 주도하는 지배적인 문화를 뜻하고, 신흥문화는 새롭게 주도권을 잡으려고 부상하는 문화를 말한다. 잔여문화는 오랜 전통을 이어오는 동안 사라지지 않고 남아 있는 문화를 뜻한다. 그가 문화를 이렇게 구분하는 것은 문화는 고정되어 있는 것이 아니라, 시대가 변함에 따라 사회 내에서 끊임없이 투쟁하고 경쟁한다는 것을 뜻한다. 그는 문화의 개념을 확장하고 재정의해 문화 영역의 폭을 넓히는 데 많은 기여를 하였다.

3 포스트모더니즘

포스트모더니즘postmodernism은 모더니즘 이후 1960년대 미국과 유럽에서 발생한 문화의 한 양식으로 볼 수 있다. 원래는 건축양식에서 사용되었던 개념이었으나, 1980년대 이후에는 문학, 그림, 음악, 무용, 영화 등과 같은 예술 분야뿐만 아니라 철학, 역사와 같은 모든 문화, 학술 분야에 나타나는 하나의 경향을 대신하고 있다.

모더니즘modernism은 근대성 또는 현대성으로 나타난다. 17~18세기의 종교개혁을 거치고, 18세기의 절대주의 시대에서 근대적 민주체제로 옮겨가는 과도기적 시대에 대두된 새로운 문화사조를 모더니즘이라 부르며, 계몽주의와 같은 용어로 사용되기도 하였다. 모더니즘의 근대성과 함께 모든 초점은 보편성의 추구에 맞춰져 있다. 객관적인 학문, 보편적인 도덕과 법률, 그리고 예술을 발전시키고자 했다. 모더니즘은 실증적, 기술중심적, 합리적, 절대적 진리, 지식과 생산에 있어서 표준화를 표방했다. 이에 반해 포스트모더니즘은 새로운 시대와 문화, 새로운 사회와 경제적인 구조, 흐름 등 전반적인 것을 의미한다. 이로써 모더니즘이 추구했던 표준화에 반대하며 보편적 진리, 권력과 분리된 지식의 존재에 회의를 갖게 되었고, 서양의 근대와 현대를 지배한 시대정신인 현대성이 배태한 부작용과 위기에 대응하고자 하였다. 따라서 포스트모더니즘은 근대적인 것을 비판하고 극복하고자 하였다. 이는 보편화된 것으로부터의 해방과 차이를 중요하게 여긴다고 할 수 있다.

또한 포스트모더니즘은 고급문화와 저급문화의 구분을 거부했으며, 모더니즘에서 문화적 엘리트주의로 보이는 것에 대해서도 거부하였다. 모더니즘은 대중문화를 자주 인용하고 모방함에도 불구하고, 근본적으로 모든 대중적인 것에 대해 불신을 가지고 있었기 때문이다. 반면, 포스트모더니즘은 수많은 사람들에 의해서 논의되어 왔다. 포스트모더니즘이란 용어를 크게 확산시킨 인물 중에 한 명으로 리오타르Jean-Francois Lyotard가 있으며, '시뮬라크르simulacre'라는 용어를 통해 포스트모더니즘을 정의한 사람으로는 보드리야르Jean Baudrillard가 있다. 또 포스트모더니즘을 후기 자본주의의 '지배문화'라고 주장하는 제임슨Fredric Jameson 등이 있다.

리오타르는 포스트모더니즘이란 용어를 크게 확산시킨 대표적인 인물로서 그에 의하면, '모던'은 끊임없는 혁신과 진보의 시도 때문에 영원한 격변 상태로서 존재하고, '포스트모던'은 자신의 이념에 도전한다고 보았다. 또 그 이념을 붕괴시키려는 모더니티의 아방가르드적 힘들이 진보와 혁신이라는 근대적 테마에 저항하는 새로운 사유 및 행동방식들의 출현을 가능하게 한다고 했다(Simon Malpas, 2008).

리오타르가 출간한 『포스트모던의 조건La Condition Postmoderne, Miniut』(1979)은 당시 포스트모더니즘 논쟁에 많은 기여를 하였다. 저서에서 그는 지식의 '본질'과 '위상', 지금 이 사회에서 지식이 무엇이며, 어떻게 나타나고 조직되며 사용되는지를 규명하였다. 그에 따르면, 사회가 후기 산업시대, 즉 포스트모던 시대로 접어들면서 지식의 위상이 변화하고 있으며, 새로운 지식기반의 경제가 출현하게 됨에 따라 기존 국가들은 권력의 지위를 상실하기 시작했다고 주장했다. 또한 그는 그의 저서에서 담론의 유형을 두 가지로 구별하였다. 과학적scientific 지식과 서사적narrative 지식이다. 과학적 지식은 전체의 지식을 대표하지 않고 그것은 언제나 서사적인 것과 함께 존재해왔다고 주장한다. 서사는 인간의 경험과 사회를 가능하게 하는 기본원리가 되며, 우리가 누구인지 말해 주며, 우리가 믿고 바라는 바를 표현할 수 있도록 해준다.

리오타르는 문자 그대로 투명하게 왜곡되지 않은 의사소통이 가능한 사회가 존재할 수 있다는 하버마스의 순진성에 조소를 던졌다. 언어적 소통의 실제에 있어서 합의보다는 오히려 속임수가 쓰이고, 또는 반대자의 일방적인 승리로 끝나기 때문이며, 만약 토론을 통해서 합의가 이루어진다 하더라도 그 속에서 과연 정당성이 발견될 수 있는가이다. 그에 의하면, '포스트모던'을 서구사회의 '지적知的 위기'이며 '정당화legitimation라는 메타서사meta-narratives 장치의 폐기'라고 하였다. 이는 보편적인 것을 추구하는 것을 일체 거부한다는 뜻이다.

그에 따르면, 메타서사는 포함과 배제를 통해 동질화하는 힘으로 작용하며, 이질성을 질서의 영역으로 편입시키고, 보편적 원리 및 목표라는 명목하에 다른 담론들과 다른 목소리들을 묵살하고 배제시켜 버린다고 보았다. 즉 문화적 차별성에 근거하여 차이를 주장하는 주변의 다양한 목소리가 늘어나고, 동질성보다 이질성이 부상하고 있음을 입증하는 것이다(Story, 2002). 그는 오늘날 거대서사나 메타서사는 사라지고 그것을 대신할 것은 아무것도 없다고 주장하면서, 그 대신 개인적, 사회적 정체성의 다양한 형태를 강조하였다. 나아가 예술, 도덕, 고학이 분리되어, 단일화한 통일적 지배체제는 존재하지 않는다고 주장하였다.

보드리야르는 포스트모더니즘은 '시뮬라크라'의 문화라고 정의했다. '시뮬라크라'는 원본이 없는 동일한 복제물을 말한다. 따라서 보드리야르는 원본과 복제의 구분자체가 소멸했다고 봄으로써 그 과정을 '시뮬라시옹simulation'이라 하였다. '시뮬라시옹'은 원천이나 실재 없이 실재적인 것의 모형들의 의해 만들어진 것을 말하며, 이것을 '과잉현실hyperreal'이라고 명했다. 그에게 있어서 포스트모던 조건의 특징적 양식이 바로 '과잉현실'인 것이다. 과잉현실의 영역에서는 시뮬라시옹과

'실재'의 구분이 내부적으로 무너지고, 실재와 가상의 경계가 끊임없이 서로 충돌하며 붕괴되어 간다. 그 결과 현실과 시뮬라시옹이 아무런 차이가 없는 것으로, 끝없는 원형궤도를 따라 작동하는 것으로 경험된다.

제임슨은 포스트모더니즘을 단지 특정한 문화의 스타일이라기보다는 '시대구분의 개념'이라고 주장하며, 포스트모더니즘은 다국적 또는 후기 자본주의의 '지배문화'라고 규정지었다.

그는 「후기 자본주의의 문화 논리The cultural logic of Late Capitalism」에서 포스트모더니즘은 자본주의의 발전의 한 단계이며, 격렬한 문화적 전환의 징후라고 하였다. 포스트모더니즘에서는 고급문학과 저급문학의 구분이 사라지고, 모더니즘 작품들이 정전화되고 체제에 흡수되어 거의 모든 것이 상품화된다. 문화가 가진 비판적 거리가 사라졌다는 것을 통해 그 징후를 설명하고 있다.

그는 포스트모더니즘이 모더니즘에 반하는 것이 아니며, 근대적 자본주의 연속선에서 파악해야 하며, 자본주의의 또 다른 양상으로 나타난 것 일뿐이라고 하였다. 즉 포스트모더니즘은 상업문화의 한 부분이며, 문화가 하나의 경제영역에 속하게 되었다고 주장하였다. 이러한 관점에서 포스트모더니즘은 모더니즘보다 더욱 더 치밀해진 자본주의 연장선일 뿐이다. 또한 그에게 있어서 포스트모더니즘은 후기 자본주의의 문화논리로서 적극적 포용이나 도덕적 비난의 대상이 아니라, 이해하고 분석되고 그것이 가지는 신비로움에서 벗어나야 할 현실인 것이다.

4
디지털 영상시대 문화주의

대중문화는 '파퓰러 컬처popular culture' 또는 '매스컬처mass culture'의 개념으로 이해될 수 있다. 대중문화를 대다수의 사람들이 수용하고 향유하는 문화라고 정의한다면, 파퓰러 컬처의 개념으로 정의 내릴 수 있으며, 19세기 말부터 20세기 초에 나타난 매스미디어mass media의 발달과 함께 매스미디어 산업과 기술의 발달에 의해 대량생산된 문화를 의미한다면, 매스컬처의 개념으로 정의 내릴 수 있다. 현대사회는 라디오, 텔레비전과 같은 전자매체electronic media시대를 넘어서 컴퓨터와 인터넷을 활용한 디지털매체digital media시대로 접어들었다. 이와 함께 대중문화의 모습도 많은 변화를 겪게 되었다.

대중매체의 변화

문자 literacy ▸ 인쇄매체 print media ▸ 전자매체 electronic media ▸ 디지털매체 digital media

산업기술이 발달하게 됨에 따라 인쇄기술의 발달을 가져왔고, 대량생산이 가능하게 되었다. 이를 통해 이루어진 최초의 미디어 매체가 인쇄매체이다. 인쇄매체는 종교혁명을 통해서 중세사회의 끝과 함께 근대사회의 시작을 알렸다. 인쇄매체는 중세 유럽사회의 라틴어를 읽고 쓸 수 있었던 소수 엘리트 집단의 특권의식을 와해시키고, 르네상스 혁명을 가져왔다. 즉 인쇄기술은 소수에 의해 독점된 정보와 그것에 기반을 둔 의사소통의 체계를 해체시켜 사회의 변화를 유도한 것이다. 또한 인쇄매체는 당시 사회변화를 갈구하던 새로운 계급인 부르주아에 의해 근대 계몽주의 사상을 세상에 전달하는 하나의 수단으로 활용되었다. 이는 시민혁명을 통해 근대사회로 진입하는 데 많은 기여를 하였다. 인쇄기술은 중세 당시 성경을 각국의 언어로 대량 출판하는 것이 가능하게 했는데, 특히 1521년 루터가 로마 교회로부터 추방당하던 중 라틴어로 쓴 신약성경을 독일어로 번역하고 출판하여 일반인도 쉽게 접할 수 있도록 하였다.

근대사회가 성립되고 신흥 부르주아가 권력을 잡은 후에는 신문과 출판 등과 같은 인쇄문화에서 오락성을 강조하는 양상이 나타나게 되었다. 이는 극심한 선정주의sensationalism 경쟁을 일으켰던 19세기 말의 황색신문yellow paper 시대를 낳게 된다. 이때 전자매체가 등장하게 되고, 새로운 매스미디어의 시대가 열리게 된다. 따라서 매스미디어와 함께 대량 생산되는 대중문화의 시대는 19세기 후반에서 20세기 초에 시작되었다고 할 수 있다. 인쇄기술의 발명은 신문의 대량생산과 함께 출판문화에 있어서도 놀라운 발전을 가져왔다. 인쇄술이 발달되고 대량생산이 가능해짐에 따라 새로운 사회질서를 지향하고 갈구하는 근대사상을 담은 다수의 책들이 출판되었고, 이는 곧 동일한 내용을 불특정 다수에게 전달할 수 있음을 보여 주었다. 또한 이것은 근대사회로 나아가는 중요한 계기가 되었다.

서구의 근대 시민혁명은 신문과 책 등 인쇄미디어에 의해 추진되었다고 할 수 있다. 19세기 중반에는 가격이 1페니인 이른바 페니신문penny sheet 같은 대중적인 신문이 등장하면서, 신문의 대중화가 빠르게 이루어졌고, 정치적 성격을 강하게 띤 초창기 신문과 다르게 가볍고 흥미로운 기사가 대폭 늘어났다. 신문의 지면에서도 편집기술도 화려해지고 눈에 띄게 바뀌기 시작했다. 특히 이 시기에 이르러서는 지면에 광고가 도입되기 시작하였고, 이를 통해 신문의 산업화가 가속화되었다. 사회 문화적으로 보면, 책의 인쇄는 사람들이 읽기 편한 것이 되었고, 개인의 소유가 가능하게 되었다. 중세 사회와 같이 책 읽기가 낭독을 통해 여러 명이 공동으로 소유하는 것이 아니라, 지극이 개인적인 것으로 변하였다. 이는 개인주의 문화를 가져오게 했다.

19세기 말부터는 라디오와 텔레비전과 같은 전자매체가 등장하게 되었는데, 이것은 인쇄매체와는 달리 각각의 다른 수용자가 동시에 똑같은 정보를 수용할 수 있도록 하였다. 특히 텔레비전의 발달은 음성과 함께 영상을 원거리로 전송하는 것이 가능하게 되었다는 것을 말해준다. 미국과 영국, 독일 등 여러 나라에서 텔레비전 기술이 개발되었고, 제2차 세계대전을 전후로 본격적인 텔레비전, 즉 TV의 시대가 열리게 되었다. TV는 뉴스, 드라마, 코미디, 음악 등 다양한 장르의 대중문화를 생산, 전달하는 종합미디어로서 대중문화의 가장 중요한 매체가 되었다. 물론 인쇄매체 또한 대중문화의 생산과 전달에 중요한 역할을 해 온 것을 간과할 수 없지만, 인쇄매체는 문자로 쓴 텍스트에 의해 생산되고 전달되기 때문에 문자의 해독능력에 따라 그 역할이 제한된다. 그러나 전자매체는 이것을 극복하여 음성과 영상을 모든 사람들에게 전송하여 수용할 수 있게 함으로써 인쇄매체보다 좀 더 우위의 자리를 차지하게 되었다. 따라서 제2차 세계대전 이후, 유럽과 미국에서 TV는 가장 중요한 문화미디어로 기능하게 되었으며, 정치와 문화에 막강한 영향력을 행사하게 되었다.

지속적으로 거대해지고 복잡하게 분화해가는 대중들이 공유할 수 있는 매스미디어로서 TV는 대중사회의 약점을 보완하고, 사회적 통합을 위한 중요한 사회제도 중 하나로서 그 역할을 하고 있다. 대다수의 사람들은 TV를 통해서 공동의 정보를 공유하게 되고 모두가 동일한 사회의 구성원이라는 인식을 가지게 한다. 현대에 이르러서는 TV에 대한 의존도가 나이, 성별, 계급에 상관없이 계속 높아지고 있다. TV는 광범위한 영향력을 지닌 영상매체로서 발전해왔으며 현대 사회에서 현대인들이 즐기는 가장 일상적인 매체로 자리 잡고 있다. 우리나라는 1960년대 초 텔레비전 방송이 시작되고 TV 수상기가 보편화되었다. 1970년대 들어 본격적으로 TV 시대가 열리고 TV를 기반으로 하는 대중문화가 발전하게 되었다. 그러나 최근에는 인터넷의 보급과 스마트폰과 같은 개인 디지털매체로 인해 대중문화의 형성 및 전달도구로서 TV의 위상이 점차 약화되고 있으며, 현재 미디어 환경은 디지털화로 인해 많은 변화를 겪고 있다.

대중문화는 미디어기술 발전과 미디어 산업의 동향에 따라 많은 영향을 받았다. 그리고 새로운 기술의 개발과 새로운 매체의 등장은 문화산업에 있어서는 새로운 시장이 창출되었음을 의미한다.

20세기 후반 디지털 기술의 등장으로 말미암아 대중문화의 영역은 큰 변화를 겪었다. 컴퓨터의 등장은 디지털 기술의 확산을 가져왔고, 특히 인터넷의 발달은 문화를 생산하고 소비하는 방법을 변화시켰다. 기술의 발달과 정보사회의 도래는 이들 각각의 영역에서 근본적인 변화를 가져왔고, 이는 각각의 고유한 특성이 사라지면서 매체 간, 장르 간의 구분과 그 경계가 불명확해지는 것으로 나타난다. 서적, 음반, TV, 영화 등 아날로그로 존재하던 대중문화의 영역은 모든 정보가 디지털화되면서부터 영상, 음성, 텍스트를 자유롭게 조합할 수 있게 되었다.

디지털매체는 상호작용성interactivity, 네트워크성networkability, 복합성multimodality의 특징으로 가진다. 상호작용성은 디지털매체의 가장 큰 특징으로, 디지털매체와 사용자 간의 상호작용, 디지털매체로 연결되어 있는 사용자 간의 상호작용, 디지털매체와 또 다른 디지털매체 간의 상호작용 등을 말한다. 디지털매체와 사용자 간의 상호작용은 사용자 인터페이스로 설명할 수 있고, 디지털매체로 연결되어 있는 사용자 간의 상호작용은 쉽게 설명하면, 인간과 인간의 상호작용이라 할 수 있다. 디지털매체 간의 상호작용은 네트워크라는 개념으로 설명할 수 있다. 이와 같이 디지털매체가 상호작용이 가능한 것은 모든 정보를 비트로 동질화시키기 때문이다.

네트워크성은 디지털매체가 가지는 디지털 정보가 유선 혹은 무선의 연결망을 통해 서로 연결될 수 있음을 의미한다. 이용자들을 상호 연결시키는 네트워크의 구성은 이용자들의 수평적인 상호교류를 통해 자유롭게 의사소통할 수 있으며, 서로 연대를 이루게 된다. 이것을 통해 이용자들은 시공간을 벗어난 가상의 공간을 형성할 수 있어 가상과 현실이 서로 병렬적으로 존재하는 또 다른 문화현상을 겪게 된다. 이와 같은 네트워크는 개인에서 가정으로, 가정에서 사회로, 사회에서 국가로, 국가에서 전 지구로 확장되어 연결된다. 현대 사회는 이미 전 세계적인 네트워크가 구축되어 있어서 전 세계에 있는 모든 사람들과 연결되어 정보를 얻을 수 있다. 이때 서로 주고받는 정보나 네트워크에 탑재되어 있는 정보들은 간단한 검색어 등을 사용하여 즉시 검색할 수 있다는 특징을 가진다.

복합성은 영상, 음성, 텍스트 등의 다양한 정보가 하나로 어우러져 이루어짐을 의미한다. 디지털 정보는 영상, 음성, 텍스트 등과 같은 정보의 형태와 상관없이 비트라는 하나의 형태로 수집될 수 있기 때문에 컴퓨터와 같은 멀티미디어 기계로 처리하고 저장하고 재생할 수 있다. 다양한 정보가 하나의 형태로 수집될 때, 완전복제perfect duplication가 일어나고, 정보들의 조작이 가능해진다. 완전복제는 시간 혹은 공간에 제약을 받지 않으며, 영원히 존재할 수 있다는 뜻이다. 조작의 가능성은 컴퓨터와 같은 멀티미디어 기계를 통해 영상의 조작이라든지 음원의 변환 등이 가능하다는 말이다.

멀티미디어는 미디어 커뮤니케이션의 전체적인 체계를 가리키는 개념이라 할 수 있다. 좀 더 넓은 의미로 과학기술과 문학예술, 사회과학, 인문학 등 모든 학문 사이의 경계가 무너지고 통합되는 융복합consilience의 시대로 들어서고 있다는 것이다. 이와 같은 광범위한 지식과 정보의 통합과 진화는 디지털기술의 발전과 함께 이루어지고 있다. 멀티미디어의 체계 속에서 정보를 조합하고 재구성하는 주체가 바로 문화 소비자들인데, 결국 여기서 문화를 둘러싼 새로운 계급 간의 갈등이 일어날 수 있다. 즉 새로운 미디어기술을 바로 구입하고 익혀서 자유롭게 쓸 수 있는 사람과 그렇지 못한 사람 사이에는 커다란 정보격차와 문화격차가 발생하게 된다.

고도로 발달된 정보사회의 문화환경에서 가장 두드러지게 나타나는 특성은 적극적이고 능동적인 생산자 역할을 하는 수용자의 등장이다. 넘쳐나는 정보의 홍수 속에서 수용자들은 능동적으로 의식적이고 적극적인 선택을 해야 한다. 멀티미디어 환경의 등장은 이러한 선택의 범위를 크게 확장시키고 있으며, 수용자들은 특정한 내용은 물론 수용공간 및 시간의 선택까지도 할 수 있는 존재가 된다.

멀티미디어의 발전과 함께 수용자가 참여하는 문화활동이 가능해지는데, 이것은 수용자가 직접 소프트웨어의 구성에 참여한다는 것이다. 전자게임, 대화형 영화의 등장, 쌍방향 TV 등이 여기에 속한다. 문화 수용자가 일방적으로 완성된 문화적 산물을 구매하여 소비하는 것이 아니라, 문화산물의 생산과정에 생산자의 위치에서 부분적으로 참여하는 것이다. 또 기술의 발달과 함께 다양한 매체가 새롭게 나타나면서, 그것을 유통하는 경로도 다양화되었다. 하나의 소프트웨어가 다양한 방법으로 유통되는 '원-소스-멀티유즈one source-multi use'의 단계를 거쳐 모든 소프트웨어가 디지털화되면서, 광대역 디지털 네트워크를 통해 유통되며, 수용자의 요구에 의한 서비스가 일반화되고 보편화되었다.

정보사회에서는 디지털매체에 의해 구현된 디지털화된 다양한 소프트웨어의 데이터베이스가 이용자에게 서비스되는 형태의 산업이 대중 문화산업의 중심이 될 것이다. 또 국가 간의 문화적 경계가 사라지고 이른바 글로벌 네트워크가 실현될 것이며, 이를 통해 '국경 없는 문화'가 형성될 것으로 전망된다.

CHAPTER 3

대중문화와 문학

CHAPTER 3

대중문화와 문학

1 문학과 대중가요

1) 해방 이전의 시가문학

노래는 같은 노래를 향유하고 있는 개인과 개인, 집단과 집단을 이어주는 징검다리이자 시대의 진풍경을 보여주는 '창'이라고 할 수 있다. 그렇다면 현대 우리가 향유하고 있는 노래와 현대 이전의 시대에 향유되었던 노래를 이을 수 있는 연결고리에 대해서 생각해 볼 수 있다. 현대에 불리고 있는 노래가 갑자기 생성되지는 않았을 것이다. 이러한 노래가 어디에서 출발되었으며, 이러한 노래 속에 담겨 있는 우리의 정서가 어떻게 변화되었는지, 아니면 그대로 전승되고 있는지 살펴보아야 한다. 고전시가는 고대가요 세 편(구지가, 공무도하가, 황조가)에서부터 향가, 고려가요, 악장과 시조 및 가사, 그리고 잡가와 민요로 이어진다.

고대가요

고대가요는 향가 성립 이전에 불리던 노래를 말하는데, 고대의 부족 국가시대부터 삼국 초기까지 한국 시가사詩歌史의 첫 시기에 이루어진 노래를 일컫는다. 남아 있는 작품은 〈구지가龜旨歌〉, 〈공무도하가公無渡河歌〉, 〈황조가黃鳥歌〉 정도인데, 모두 한역漢譯으로 전한다. 이 중에서 〈구지가〉는 가락국의 국가적인 제전祭典에서 부른 주술적이며, 원시 종합예술의 상태를 벗어나지 못한 노래이다. 부여夫餘의 영고迎

구지가(龜旨歌)
– 작자 미상

구 하 구 하 龜何龜何	거북아 거북아
수 기 현 야 首其現也	머리를 내어라
약 불 현 야 若不現也	내놓지 않으면
번 작 이 끽 야 燔灼而喫也	구워서 먹으리

황조가(黃鳥歌)
– 유리왕(琉璃王)

편 편 황 조 翩翩黃鳥	훨훨 나는 꾀꼬리는
자 웅 상 의 雌雄相依	암수 다정히 노니는데
염 아 지 독 念我之獨	외로울사 이내 몸은
수 기 여 귀 誰其與歸	뉘와 함께 돌아가리

鼓, 고구려의 동맹東盟 예濊의 무천舞天, 마한馬韓의 오월과 시월제전 등을 거행할 때에도 〈구지가〉와 유사한 성격의 노래를 불렀으리라고 추측되나, 작품은 전하지 않는다. 위에서 제시한 제전祭典은 생산을 위한 것이면서, 집단적인 안녕을 축원하자는 것이다. 노래 역시 노동요勞動謠이자 의식요儀式謠였다. 오늘날의 민요에서 발견되는 노동요와 의식요는 그 잔존물이라 할 수 있다. 제전은 몸짓과 춤, 악기연주와 노래로 이루어졌으므로 노래가 독립적으로 존재할 수 없었다. 이 점은 오늘날의 노동요나 의식요와 일치한다. 주술적인 기능을 청산하고, 원시 종합예술적 단계를 벗어난 노래의 성립을 말해주는 자료가 〈공무도하가〉와 〈황조가〉이다. 〈공무도하가〉의 작자가 백수광부白首狂夫의 처이며, 〈황조가〉의 작자가 고구려 유리왕이라는 기록은 정확하지 않다. 그렇지만 이 두 노래에서 개인적인 작품의 성립을 엿볼 수 있다. 노래의 성격도 서정적이라는 견해가 지배적이다.

향가

향가는 민족시가 형식의 출발을 알리는 장르이며, 민족적 성격을 체현하고 있는 양식이다. 향가의 내용은 불교적 발원, 유교적 이념의 설파, 뜨거운 구애의 열정, 화랑에 대한 찬미 등에 이르기까지 작자 층이 평범한 서민에서부터 상층관료, 화랑이자 승려인 국선지도 등에 걸쳐 있다. 향유층 역시 국왕에서부터 도둑떼에 이르기까지 두텁게 형성된 것으로 보아 향가는 당대의 상층과 하층이 소통할 수 있는 중요한 매체였다.

서동요(書童謠)

– 서동(薯童)

선 화 공 주 주 은 善化公主主隱	선화 공주님은
타 밀 지 가 량 치 고 他密只嫁良置古	남 몰래 시집가 놓고(정을 통해 놓고)
서 동 방 을 薯童房乙	서동을
야 의 묘 을 포 유 거 여 夜矣卯乙抱遺去如	밤에 몰래 안고 간다

찬기파랑가(讚耆婆郎歌)

– 충담사(忠談師)

인 오 이 처 미 咽嗚爾處米	구름을 활짝 열어 젖히매
로 효 사 은 월 나 리 露曉邪隱月羅理	나타난 달이
백 운 음 축 우 부 거 은 안 지 하 白雲音逐于浮去隱安支下	흰구름을 쫓아 떠나니 어디인가
사 시 팔 릉 은 정 리 야 중 沙是八陵隱汀理也中	새파란 강물에
기 랑 의 모 사 시 사 수 사 耆郎矣貌史是史藪邪	기파랑의 얼굴이 비쳐 있구나
일 오 천 리 질 적 악 시 逸烏川理叱積惡尸	여울내 물가에
랑 야 지 이 지 여 사 오 은 郎也持以支如賜烏隱	임이 지니시던
심 미 제 질 혜 축 내 양 제 心未際叱 兮逐內良齊	마음의 끝을 좇고 싶구나
아 야 백 사 질 지 차 고 지 호 阿耶 栢史叱枝次高支乎	아아, 잣나무 가지가 높아서
설 시 모 동 내 호 시 화 판 야 雪是毛冬乃乎尸花判也	서리조차 모르실 화랑이시여

고려속요

고려시대의 시가 양식으로는 속요, 경기체가, 소악부 등이 있다. 경기체가를 제외한 속요와 소악부는 철저히 민중의 노래로 생성되었다. 고려속요는 '남녀상열지사', 즉 '남자와 여자가 어울려 서로 즐기는 노래'라는 고정관념이 널리 펴져 있으나, 이것은 조선 초에 유교적 이념으로 무장된 사대부들에 의한 것이었다. 고려속요는 진솔하고 자유분방한 고려의 노래인 것이다.

쌍화점(雙花店)
– 작자 미상

솽화뎜(雙花店)에 솽화(雙花) 사라 가고신ᄃᆡᆫ
휘휘(回回) 아미 내 손모글 주여이다
이 말ᄉᆞ미 이 뎜(店) 밧긔 나명들명
나로러거디러 죠고맛간 삿기광대 네 마리라 호리라
더러둥셩 다리러디러 다리러디러 다로러거디러 다로러
긔 자리예 나도 자라 가리라
위 위 다로러거디러 다로러
긔 잔 ᄃᆡ ᄀᆞ티 덦거츠니 업다

만두 가게에 만두를 사러 갔더니
회회아비(몽고인)가 내 손목을 쥐었습니다
이 말씀이 이 가게밖에 나며 들며 하면(소문나면)
조그마한 어린 광대 네가 퍼뜨린 말이라 하리라
더러둥셩 다리러디러 다리러디러 다로러거디러 다로러
그 자리에 나도 자러 가리라
위 위 다로러거디러 다로러
그가 잔 곳같이 어수선한 곳이 없다

민요

민요는 농경사회의 공동체 문화에 바탕을 두고 산출된 노래 양식으로서, 아주 오랫동안 우리 문화의 토대를 이루어 왔다. 민요는 워낙 오랜 시간 동안 구연을 통해 전승되어 왔기 때문에 시대적 경계를 구분 짓기 어렵다. 임진왜란과 병자호란 이후 상업과 도시문화의 발달로 조선 후기 민중들의 삶의 기반이 심각하게 동요하기 시작했고, 따라서 이 시대의 민요에는 이러한 변화에 직면한 당대 민중들의 생활 및 정서가 다채롭게 투영되어 있었다. 그리고 이러한 조짐들은 20세기 초까지 이어져 오늘날까지도 적지 않은 공감을 불러일으키고 있다.

민요는 고급문화로부터 소외되었던 봉건제 하의 민중들에게 생활 그 자체이자 오락이며, 예술이었다. 이러한 저력으로 인해 민요는 장구한 기간 동안 존속하면서, 상층의 양식들에 직간접적으로 영향을 미치기도 하고, 역으로 그 양식들로부터 자양분을 흡수하는 능동적인 교섭을 모색하기도 하였다. 민요에는 생활의 터전에서 솟아나온 진솔한 정감의 토로에서부터 변혁을 꿈꾸는 열망에 이르기까지 다양한 내용들이 담겨 있다. 즉 민중의 웃음과 눈물, 땀과 피가 모여 있는 것이라고 할 수 있다.

아리랑

아리랑 아리랑 아라리요, 아리랑 고개로 넘어간다
나를 버리고 가시는 임은 십리도 못가서 발병난다
아리랑 아리랑 아라리요

밀양아리랑

아리 아리랑 쓰리 쓰리랑 아라리가 났네
아리랑 고개로 넘어간다
날 좀 보소 날 좀 보소 날 좀 보소
동지섣달 꽃 본 듯이 날 좀 보소

정든 님이 오셨는데 인사를 못해
행주치마 입에 물고 입만 방긋
남천강 굽이쳐서 영남루를 감돌고
벽공에 걸린 달은 아랑각을 비추네

영남루 명승을 찾아가니 아랑의 애화가 전해 있네
밀양의 아랑각은 아랑넋을 위로코
진주의 의암은 논개충절 빛내네

저 건너 대 숲은 의의한데
아랑의 설운 넋이 애달프다
아랑의 굳은 절개 죽음으로 씻었고
고결한 높은 지조 천추에 빛난다

정선 아리랑

눈이 올라나 비가 올라나 억수장마 질라나
만수산 검은 구름이 막 모여든다

아리랑 아리랑 아라리요
아리랑 고개로 나를 넘겨주소

아우라지 뱃사공아 배좀 건너주게
싸리골 올동백이 다 떨어진다

진도아리랑

아리아리랑 쓰리쓰리랑 아라리가 났네
아리랑 응응응 아라리가 났네
문경새재는 웬 고갠가
구부야 구부구부 눈물이로구나
청천 하늘엔 잔별도 많고
우리네 가슴속엔 희망도 많다

잡가

19세기 말 20세기 초에 이르면서 전통적인 양식들은 해체되어가고, 찬송가, 창가, 신체시와 같은 외래의 장르들이 유입됨으로써 고전시가는 유래 없는 혼돈을 맞이하게 된다. 이 와중에서 가장 대중적인 인기를 누린 양식이 잡가이다. 잡가는 다양한 종류의 노래양식을 포괄하는데, 대체로 12잡가와 휘모리 잡가, 경기소리, 서도소리 등이 포함되는 것이 일반적이다.

잡가가 유행한 시기는 19세기 말 20세기 초로 본격적인 트로트 음악이 뿌리내리기 전인 1930년대까지이다. 잡가의 미학은 근대 전환기를 살아가는 대중들의 근원적 유동감이라 할 수 있다. 기존의 모든 가치와 제도가 한꺼번에 무너져 전환기의 대중들은 참을 수 없는 정서적 불안감을 잡가를 통해 분출했던 것이다. 일제강점기 이후 잡가가 공연되는 극장에는 항시 서민들이 구름처럼 몰려들었고, 당대 최고의 슈퍼스타인 박춘재(1881~1948)의 무대에는 눈물과 웃음이 뒤범벅된 관중들의 박수갈채가 끊이지 않았다. 그는 근세 조선의 잡가 명창이며, 가곡·가사·시조에 능하여 경기잡가·휘모리잡가·서도잡가·경서도 입창立唱, 선소리 등 당시 경서도속가京西道俗歌의 명창으로 이름을 떨쳤다. 잡가는 항일투쟁가나 계몽창가처럼 대중을 선도하지는 못했지만, 억압과 수탈로 시름에 젖은 대중들의 가슴을 따뜻하게 어루만져 줄 수 있었던 것이다. 1930년대 들어 트로트 음악이 본격적으로 유입되어 급속하게 확산된 이유도 잡가가 마련해 놓은 것이라 할 수 있다.

2) 일제강점기와 해방 이후의 대중가요

대중가요의 정의 및 도입

대중가요는 서양음악이 도입되던 시절부터 대중들 사이에서 즐겨 불리던 세속적인 노래로 예술성을 지닌 가곡의 상대되는 개념이며 '유행가流行歌'라는 이름으로도 불리기도 한다. 예술가곡이 예술성과 심미성에 가치를 두는 데 반하여, 대중가요는 감각적인 오락성과 통속성, 그리고 상업성에 기초를 두고 있다. 엄밀히 말하면, 가곡을 제외한 가요 전반을 의미하지만, 옛날부터 전해져 내려오는 민요와는 구분된다고 할 수 있다.

우리나라에서 대중가요는 서양음악의 수입과 더불어 시작되었다. 즉 선교사들에 의하여 찬송가를 중심으로 한 서양음악이 들어오자, 서구의 노래들이 번안되어 불리기 시작하였다. 1895년 청일전쟁 후, 약 15종의 창가집唱歌集이 발행되었는데, 여기에는 일본식의 노래도 포함되어 있었다. 이 무렵부터 1910년경까지는 서양의 민요나 찬송가를 번안하거나 일본창가의 선율에 노랫말만 우리말로 바꾸어 불렀다. 신학문과 애국사상을 고취하고 계몽하기 위한 〈학도가學徒歌〉는 일본창가 〈철도의 노래〉 선율을 차용한 것이었고, 1896년 독립문 정초식에 불렀던 〈애국가〉는 〈올드 랭 사인Auld Lang Syne〉의 선율을 차용한 것이었다.

> **학도가**
>
> 학도야 학도야 청년 학도야. 벽상의 괘종을 들어 보시오
> 한 소리 두 소리 가고 못 오니 인생 벽년 가기 주마 같도다

일제강점기의 대중가요

일제강점기는 우리의 고유한 문화에 대한 억압이 이루어진 시기이다. 이때는 우리 민족에 의해 자생적으로 대중가요가 발전했다기보다는 일본에서 들어온 가요들이 먼저 대중들에게 알려지기 시작하였다.

최초의 번안곡으로는 〈카투사의 노래〉를 들 수 있다. 이 곡은 1916년 이기세李基世에 의하여 상연된 연극 「부활」에서 첫 선을 보였는데, 이 노래는 일본 대중가요 〈카투사의 노래〉(나카야마 작곡)를 번안한 것이었다. 〈카투사의 노래〉는 첫 등장부터 큰 성공을 거두었고, 이후 여러 번 리메이크되기도 하였다. 그 뒤 한동안 일본 노래의 곡에 우리말 가사를 넣어 부른 노래들이 국내로 유입되었다. 이 가운데 '이 풍진 세상'으로 알려진 〈희망가〉는 원래 미국인 작곡가 잉갈스Jeremiah Ingalls에 의해 작곡된 찬송가를 일본에서 노랫말을 붙여서 불렀고, 이것을 다시 한국 유학생들이 나라 잃은 슬픔을 담은 가사로 바꿔 불렀다고 알려지고 있다. 이렇게 초기의 대중가요가 창작가요가 아닌 일본에서 들어 온 것이 많다는 사실은 당시 일본의 대중문화가 이 땅에

스며드는 과정을 잘 보여주고 있다. 대개 이 시기의 가요활동은 연극의 막간을 이용한 '막간 가수'들에 의하여 이루어졌다.

1920년대 후반에는 레코드산업이 본격화되며, 음반에 대한 관심이 고조되었다. 도쿄東京 우에노음악학교上野音樂學校 출신이며, 우리나라 최초의 소프라노 가수 윤심덕尹心悳은 우리나라 사람으로는 처음으로 1926년 〈사의 찬미〉를 일본에서 취입하였고, 그녀의 비극적인 죽음으로 인하여 이 곡은 크게 유행하였다. 그 뒤 많은 곡들이 음반에 담겼으나, 우리 스스로 창작한 대중가요는 없었다. 창작가요로서 최초의 곡은 김서정金曙汀이 1927년에 작곡하여 같은 이름의 영화에 삽입곡으로 발표한 〈낙화유수落花流水〉였다. 당시 이 곡은 영화와 더불어 많은 인기를 얻었으며, 이정숙李貞淑의 노래로 컬럼비아레코드사에 의해 1929년에 녹음되어 발매되었다. 1932년에는 〈황성옛터〉가 큰 인기를 끌었다. 이때부터 해마다 그 시대의 시대상이나 대중의 정서를 반영한 대중가요가 탄생하였고, 대중들의 큰 사랑을 받으며 크게 유행하였다. 예를 들면 1933년의 〈타향살이〉, 1934년의 〈목포의 눈물〉, 1935년의 〈짝사랑〉, 1935년의 〈눈물 젖은 두만강〉 등이 그에 속하는 노래들이다. 이 노래들은 나라를 잃고, 고향을 잃은 사람들의 서러움이 가사에 그대로 묻어난다.

1933년부터는 일제에 의한 검열이 강화되어 민족정신을 고취시키거나 시국을 풍자한 노랫말은 일체 금지되고 말았다. 이러한 분위기 속에 대중가요는 감상적이거나 현실 도피적인 내용의 노랫말과 애수에 잠긴 노래들만이 유행되었고, 단음계로 구성되는 노래가 많아졌다. 〈타향살이〉와 〈눈물젖은 두만강〉의 가사를 비교해 보면, 당시 우리 국민들의 정서를 느낄 수 있을 것이다.

타향살이

김능인 작사
손목인 작곡
고복수 노래

고복수의 '고복수, 황금심 힛트곡 전집' (1988.01) 수록곡

자료: 악보바다(www.akbobada.com)

타향살이

– 고복수 노래, 김능인 작사, 손목인 작곡, 1933

타향살이 몇 해던가 손꼽아 헤어보니
고향 떠난 십 여 년에 청춘만 늙어
부평 같은 내 신세가 혼자도 기막혀서
창문 열고 바라보니 하늘은 저 쪽

고향 앞에 버드나무 올 봄도 푸르련만
버들피리 꺾어 불던 그때는 옛날
타향이라 정이 들면 내 고향이 되는 것을
가도 그만 와도 그만 언제나 타향

눈물 젖은 두만강

– 김정구 노래, 김용호 작사, 이시우 작곡, 1935

두만강 푸른 물에 노 젓는 뱃사공
흘러간 그 옛날에 내님을 싣고
떠나던 그 배는 어데로 갔오
그리운 내님이여
그리운 내님이여
언제나 오려나

강물도 달밤이면 목메어 우는데
님 잃은 이 사람도 한숨을 지니
추억에 목 메인 애달픈 하소

그리운 내님이여
그리운 내님이여
언제나 오려나

> 님 가신 강언덕에 단풍이 물들고
> 눈물진 두만강에 밤새가 울면
> 떠나간 그 님이 보고 싶고나
> 그리운 내님이여
> 그리운 내님이여
> 언제나 오려나

한국전쟁 전후의 대중가요

한국전쟁은 당시 대중문화에 엄청난 변화를 몰고 왔다. 나라가 남북으로 분단된 것처럼 대중문화도 남북으로 갈려 분단된 아픔의 역사를 간직하고 있다. 월북이든지, 납북이든지 간에 북으로 넘어간 모든 문인과 대중문화인들의 작품은 그 내용과 상관없이 금지곡 혹은 금서가 되었다. 그 때문에 원작자가 뒤바뀐 작품들은 최근까지도 재판이 끊이질 않고 있다.

한동안 대중가요계 쪽의 대표적 금지 인사로는 작곡가 김해송과 작사가 조명암 등을 들 수 있다. 김해송의 곡들은 지금은 쉽게 들을 수 있지만, 냉전시대 때에는 금지곡으로 우리에게 많이 알려져 있지 않았다. 김해송은 만요漫謠 작곡가로도 유명하다. '만요'는 1930년대 일제강점기에 민중의 삶과 사회상을 코믹한 가사와 선율로 노래해 크게 사랑받았던 대중음악 장르로, 일명 '코믹송comic song'으로도 불린다. 가장 널리 알려진 〈오빠는 풍각쟁이〉는 영화 〈태극기 휘날리며〉(2004)에 삽입되어 다시 대중의 주목을 받았다. 대중가요 평론가 이동순 교수에 의하면, 당시 일본에 대한 풍자를 직접적으로 할 수 없었기 때문에 일본을 '오빠'에 비유해 표현하였다고 평하였다.

오빠는 풍각쟁이
– 박향림 노래, 박영호 작사, 김해송 작곡, 1938년

오빠는 풍각쟁이야 뭐~
오빠는 심술쟁이야 뭐~
난 몰라 난 몰라 내 반찬
다 뺏어 먹는 거 난 몰라
불고기 떡볶이는 혼자만 먹고
오이지 콩나물만 나한테 주구
오빠는 욕심쟁이 오빠는 심술쟁이
오빠는 깍쟁이야

한국전쟁 당시의 대중 가요사에서 빠뜨릴 수 없는 인물은 드라마 작가이자 작사가인 유호와 작곡가 박시춘이다. 이들은 이미 해방 이후 〈신라의 달밤〉, 〈럭키 서울〉, 〈비 내리는 고모령〉 등으로 대중의 주목을 받기 시작하였다. 두 사람이 1950년 가을 서울 수복 때 만들어 현인이 노래한 〈전우야 잘 자라〉는 이 시기의의 대표곡이라 할 수 있다. '1·4 후퇴'를 배경으로 한 〈전선야곡〉, 부산으로 피난 갔다가 서울로 다시 돌아오는 것을 배경으로 한 〈이별의 부산정거장〉도 이들의 공동 작업으로 탄생한 노래들이다. 한국전쟁의 고비 때마다 두 사람은 시대성을 담은 적절한 노래로 대중들에게 큰 영향을 끼쳤다. 박시춘은 해방이 되자 남과 북의 이데올로기 충돌이 시작되었음을 상징적으로 증명하는 〈가거라 삼팔선〉(남인수 노래)을 작곡했고, 전쟁 막바지에는 〈굳세어라 금순아〉(현인 노래)를 작곡했으며, 유호는 지금도 군인들 사이에 공식 군가처럼 불리는 〈진짜 사나이〉를 작사했다. 한국전쟁

전선야곡

유 호 작사
박시춘 작곡
신세영 노래

'흘러간 옛가요 70년 1, 2집' (2006.06)수록곡

자료: 악보바다(www.akbobada.com)

은 요즘도 드라마나 영화에서 자주 사용되는 소재이다. 〈전선야곡〉은 2011년 영화 〈고지전〉에 삽입되어 다시금 한국전쟁을 돌아보게 만드는 계기를 만들었다.

전선야곡

– 현인 노래, 유호 작사, 박시춘 작곡, 1950

가랑잎이 휘날리는 전선의 달밤
소리 없이 내리는 이슬도 차가운데
단잠을 못 이루고 돌아눕는 귓가에
장부의 길 일러주신 어머님의 목소리
아– 아– 그 목소리 그리워

들려오는 총소리를 자장가 삼아
꿈 길 속에 달려간 내 고향 내 집에는
정안수 떠 놓고서 이 아들의 공 비는
어머님의 흰머리가 눈부시어 울었소
아– 아– 쓸어안고 싶었소

〈꿈에 본 내 고향〉, 〈단장의 미아리 고개〉, 〈판문점의 달밤〉, 〈삼팔선의 봄〉 등도 대부분 피난민이나 실향민들의 아픔과 고통의 정서를 담고 있는 한국전쟁 시기의 대표적인 노래들이다. 사실 한국전쟁 즈음의 대부분의 노래는 해방 시기 노래양식의 연장선상에 있었다. 대부분 일본의 '엔카戀歌'나 중국풍의 멜로디를 따온 것들이 많았다.

그러나 해방 후 미군이 주둔하게 되면서부터 미군들의 여가시간과 즐거움을 위한 '미8군 무대'가 생겨났다. 비로소 미국의 팝송이 급물

살을 타고 유입되었다. 1953년 김시스터즈를 필두로 소위 미8군 가수들이 생겨났다. 가수들이 활동할 수 있는 무대가 없던 당시, 미8군은 국내가수들이 활동할 수 있는 거의 유일한 무대였다. 당시에 미국문화는 무조건 흉내 내야 되는 지상 최고의 문화양식으로 받아들여졌다. 그래서 대화하는 중에 무조건 영어 단어를 많이 쓰고, 미제물건을 사용하며 폼 잡고 행세하던 시절이었다. 그 바람에 황당한 대중가요들이 양산되었다. 장세정의 〈샌프란시스코〉, 백설희의 〈아메리카 차이나타운〉, 박단마의 〈슈샤인 보이〉, 명국환의 〈아리조나 카우보이〉 같은 노래들이 그것에 속한다. 왜 이런 노래들이 대중의 애환을 달래주는 슬픈 노래들과 함께 유행하게 되었을까? 미국문화에 대한 대중의 무차별적인 동경 때문이었다. 하지만 노래에 미국 취향을 드러내고 싶어도 당시엔 일본의 엔카나 중국풍의 노래밖에는 구사하질 못했다. 그 바람에 황당한 미국의 지명과 영어 단어가 들어간 국적불명의 노래가 양산되었고, 대중의 사랑을 받았다.

1960년대 대중음악

1960년대 음악은 한국전쟁 이후 좀 더 완숙한 체제로의 음악형태를 나타냈다. 이 시기는 대중가요 작곡가들의 창작 욕구가 활발히 일어나던 시기였다. 특히 미8군의 방송과 함께 8군 쇼에서 활약한 가수들의 무대진출이 활발히 나타났다. 이 시기의 노래들은 이전 시기의 노래들과 아주 다른 양상을 보여준다.

1961년 한명숙의 〈노란 샤쓰 입은 사나이〉의 유행은 당시의 패션에도 영향을 미쳤다. 일반인들은 물론 택시 운전기사들까지도 노란 셔츠를 입고 운전하는 모습을 볼 수 있었다. 한 소절만 들어도 이전의

'한 많은 노래'들과 완전히 다르다는 것을 알 수 있을 정도로 솔직한 가사와 경쾌한 멜로디가 돋보인다. 〈야릇한 마음〉, 〈처음 느꼈던 심정〉과 같은 가사는 1960년대 우리 국민의 정서를 감안한다면, 꽤 노발적이었다. 이 노래는 1960년대 미국, 동남아시아, 일본 등지에서 상당한 인기를 끈 '한류 1호' 가요로도 유명하다. 같은 해 최희준은 〈내 사랑 주리안〉과 〈우리 애인은 올드미스〉로 인기를 얻었고, 1963년에는 현미가 허스키한 목소리로 〈밤안개〉를 불러 가요계를 평정했다. 미8군 쇼는 1963년에 만들어졌으며, 이때 실력 있는 가수들이 이 무대를 거치면서, 활발한 활동을 해나갔다. 그러나 초기 때는 보수를 제대로 받지 못했고 돈 대신 커피나 초콜릿, 술, 빵 등으로 출연료를 받았으며 약간의 수고비 정도만 받을 수 있었다. 초기 미8군 쇼에서 활약한 팀은 작곡가 김해송의 자녀들이 결성한 김 시스터즈, 김 보이즈, 패티 김, 이금희, 서수남, 코리안 키튼즈의 윤복희, 한명숙, 임희숙, 신중현 등이 있었고, 이들은 미8군 쇼를 거쳐 유명해진 가수들이었다. 미8군에서 이들이 활동하는 반면, 전통적인 트로트를 구사하는 가수들도 발군의 실력을 보였다. 트로트와 신민요 쪽에서 인기를 누렸던 가수들로는 한복남, 박재랑, 이해연, 현인, 명국환, 권혜경, 그리고 이미자였다. 이미자는 이미 1950년대 때 〈열아홉 순정〉으로 인기를 누렸고, 이후 〈동백아가씨〉, 〈섬마을 선생님〉 등으로 전성시대를 맞이했다.

신중현은 1960년대 초 미8군 쇼 무대에서 활약하며, 주옥같은 곡을 많이 선보였다. 1963년에 〈빗속의 여인〉, 〈커피 한 잔〉 등을 발표했고, '에드4'라는 그룹을 조직하여 서정길(보컬 리듬), 한영현(베이스 기타), 권순권(드럼)과 함께 이 그룹을 이끌어 갔다. 이때 '키 보이스'의 활약도 두드러졌다. 신중현의 후반 작품들은 더욱 원숙미를 더해주고 있다. 〈미인〉, 〈떠오르는 태양〉, 〈거짓말이야〉, 〈님은 먼 곳에〉, 〈안개 속의 여인〉, 〈너를 사랑하네〉는 현재까지도 꾸준히 불리는 명곡으로 남아 있다. 그러나 내용이 저속하고 사회에 악영향을 준다는 이유로 그가 지은 300곡 중 13곡이 방송금지를 당하는 불운을 겪기도 했다. 그룹 '애드4' 이후, 신중현은 덩키스와 '골드 그레입스' 활동을 거치며 완숙한 음악을 보여주었다.

1970년대 대중음악

1970년대 대중음악은 포크음악이 나타나고, 트로트 음악이 활성화된 시기였다. 특히 이때는 새마을 운동이 본격화되면서, 정부가 음반에 심하게 관여한 때이기도 했다. 그래서 모든 음반에는 건전가요가 수록되었다. 〈새마을 노래〉와 〈예비군가〉는 직장에서는 물론 학교, 단체, 공공기관에 걸쳐 20여 년 동안 우리의 귀와 뇌리를 자극했다. 〈새마을 노래〉는 1990년대 초까지 이어지기도 했다. 지금은 음반에 건전가요를 의무적으로 수록하는 일은 없어졌다.

남진과 나훈아는 1960년대 후반에서 1970년대 초반 사이에 젊은 여성들의 열렬한 사랑을 받은 가수였다. 이들은 '세기의 라이벌'이었다. 부산 출신인 나훈아와 목포 출신인 남진, 서민적인 외모와 세련된 미남이라는 차이점은 당시 정치적 상황과 결부되면서, 더욱 극적인 라이벌 관계를 조성했다. 당시 인기는 남진이 우세했고, 지금의 음악적 평가는 나훈아가 우세하다는 것이 일반적인 시각이다. 남진과 나훈아가 리사이틀을 하면, 그 마을은 며칠 전부터 온 동네가 들썩거리고, 그 마을의 공장은 공연 당일 휴업을 할 수밖에 없었다는 이야기는 전설처럼 내려온다. 그들은 원하지 않았겠지만, 트로트는 저급하다는 인식이 확산되기 시작한 것이 대략 이 무렵이다. 계급, 계층에 따른 음악적 취향의 차이는 사실 1960년대 이미자와 패티 김의 라이벌 관계에서 시작되었다. 상류층이 좋아하는 패티 김과 서민 여성들이 좋아하는 이미자라는 구도가 있었다. 그러나 이러한 구도가 조금 더 확실하게 자리 잡은 것이 1970년대 초 남진과 나훈아가 등장한 이후였다.

다른 한편으로, 1970년 초기에는 한대수, 양희은, 이필원, 박인희 등이 대학가를 중심으로 활동했다. 이러한 흐름은 전통적인 통기타 음악이 아닌 하남석, 김정호, 백영규 등으로 이어지는 '크로스오버cross over'적인 장르의 가수들로 이어졌다. 국내에서 활약한 본격적인 포크송 가수로는 한대수를 들 수 있다. 미국에서 포크 음악을 접했던 한대수는 1968년 11월 드라마 센터에서 귀국 공연을 열어 많은 젊은 층을 팬으로 확보했고, 이후 〈물 좀 주소〉, 〈고무신〉 등을 발표하며 인기를 얻었다. 이후 서유석이 풍자적인 노래로 대학가에서 활약을 했으며, 김민기, 양희은, 이필원, 박인희 등도 대학가를 중심으로 활동했다. 이들 중 김민기 작곡의 〈아침이슬〉은 1970년대부터 1980년대까지 한국 젊은이들의 최고 애창곡으로 꼽혔던 작품이다. 〈아침이슬〉은 대중가요로서는 크고 웅장한 스케일에다 문학적인 가사에 음악적으로도 잘 짜인 구성을 갖추고 있어서 단지 저항가요로만이 아니라, 한국대중가요의 손꼽히는 명작이라 할 만하다. 한 젊은이의 실존적 고민과 미래에 대한 결단을 노래한 이 작품은 1970년대 중반 이후에는 독재에 저항하는 젊은이의 사명을 노래한 것으로 적극적으로 해석되어 수십 년 동안 널리 불렸다.

한대수의 목소리는 그 자체만으로 이미 목소리에서 저항의 색조가 뚜렷했다. 1970년대 초반 낭랑하고 상냥하게 노래하던 시절에 한대수는 마치 쇠를 긁는 듯한 거친 소리를 조금의 억제와 포장 없이 있는 그대로 질러댔다. 그 강한 목소리만으로도 스스로 말하듯 그는 포크 뮤지션이 아니라 로커였다. 실제 자세에서도 포크 가수가 아니고 록 가수였다. 1974년 한대수의 〈물 좀 주소〉가 발표되자, 사람들은 바로 물을 자유에 비유했고, 물을 달라는 한대수의 노래를 자유를 갈구하는 외침으로 알아들었다. 당대는 억압적인 유신시대였고, 그의 목소리는 억압에 반발하는 자유와 평화에 기초한 청춘의 소리로 인식되었다. 2008년에는 이 곡 하나를 인디밴드 후배들이 재해석한 헌정음반이 나왔다.

송창식의 경우 자신의 노래에 대해 그냥 개인적으로 부른 것뿐이지, 결코 시대에 대한 어떤 메시지를 전달하려 의도한 것은 아니라고 말했다. 그러나 당시의 젊은이들은 그렇게 받아들이지 않았다. 작가의 의도와 무관하게 그들은 이 곡에서 억압시대의 절망과 청춘의 자유를 향한 외침을 발견했다. 1974년에 발표한 송창식의 〈고래사냥〉이 금지가 됐다는 것만으로도 당시 유신시대의 예술에 대한 자세를 알 수 있다. 당시 정부는 국가에 대한 저항이라는 이유로 금지시켰지만, 이 곡은 두고두고 사람들의 입에서 회자되었다. 또한 영화 〈바보들의 행진〉(1975)에 삽입되어 많은 영화와 노래 모두 많은 인기를 누렸다.

1980년대 대중음악

1980년대는 '발라드'가 강세를 보인 반면, '트로트'는 조금 약화되는 추세를 보였다. 1981년 민혜경의 〈어느 소녀의 사랑 이야기〉가 발라드의 시작을 알렸다. 또한 1980년대에는 정태춘, 배따라기, 신형원, 해바라기, 유익종, 이태원 등이 두드러지게 활약하였다. 신형원은 서희덕에게 발탁되어 〈불씨〉, 〈유리벽〉 등 젊은 청소년층의 노래를 불러 잔잔한 인기를 얻었다. 특히 신형원은 얼굴 없는 가수란 닉네임을 가지고 작곡가 한돌과 함께 〈개똥벌레〉, 〈터〉 등 서민적인 노래를 많이 불렀다.

1983년에는 이주호가 이끄는 해바라기가 〈모두가 사랑이에요〉로 1년여 동안 정상을 차지했고, 〈내 마음의 보석상자〉, 〈사랑으로〉 등 국민들의 많은 지지를 얻는 노래를 만들고 불렀다. 이때 이태원의 〈솔개〉가 아주 재치 있는 가사로 대중들에게 받아들여졌고, 배따라기는 〈아빠와 크레파스〉, 〈그댄 봄비를 좋아 하나요〉 등을 통해 새로운 창법을 선보였다. 또한 이진관은 〈인생은 미완성〉, 1980년대 광주민주화운동의 아픔을 노래한 〈바위섬〉, 1988년에 데뷔한 수와진은 길거리 가수로 〈파초〉, 〈새벽아침〉 등 참신한 노래를 불렀다.

솔로 가수들 외에 1980년대에는 그룹의 활동도 두드러졌다. 옥슨80의 〈불놀이야〉를 시작으로 신중현 밴드의 불후의 명작 〈아름다운 강산〉, 록이 가미된 들국화의 〈행진〉, 〈그것만이 내 세상〉, 다섯 손가락의 〈새벽기차〉가 대중들에게 신선함을 가지고 다가왔다. 이때 특히 가수들 간의 듀엣곡도 성행했는데 이정석, 조갑경의 〈사랑의 대화〉, 홍서범 조갑경의 〈내 사랑 투유〉, 이문세와 고은희의 〈이별이야기〉, 윤수일과 최진희가 〈찻잔의 이별〉을 발표했다.

1981년 민혜경의 〈어느 소녀의 사랑이야기〉 이후, 정수라의 〈사랑이었나〉, 1985년 이광조의 〈가까이 하기엔 너무 먼 당신〉, 이선희의 〈J에게〉, 〈아! 옛날이여〉, 〈알고 싶어요〉가 발표되었다. 당시 조용필, 이문세, 최성수, 정수라, 조하문, 김범룡, 이선희, 유열, 이정석 등이 발라드 음악을 불렀다. 특히 발라드 음악은 변진섭의 등장으로 더욱 확산됐다. 1988년 〈홀로 된다는 것〉, 〈너에게로 또 다시〉, 〈희망사항〉 등이 좋은 반응을 얻었고, 1989년에는 김민우의 〈사랑일뿐야〉, 〈입영열차 안에서〉, 〈휴식 같은 친구〉 등이 성공을 거두었다. 이승철은 1989년 솔로로 전향하여 〈안녕이라고 말하지 마〉를 발표했고, 이상우는 1988년 〈슬픈 그림 같은 사랑〉으로 좋은 평가를 얻었다. 1980년대 후반부에는 소방차의 인기도 가히 폭발적이었다.

트로트 분야에서도 활발한 활동이 주목되었다. 임종임, 인순이, 방실이, 현철, 현숙, 나미, 주현미, 문희옥, 설운도, 태진아, 김국환, 송대관 등이 새로운 전성기를 맞이하며 활발하게 활동하였다. 현숙은 〈정말로〉라는 노래로 일대 트로트의 댄스바람을 가져다주었다. 소울창법을 인용한 윤시내는 〈열애〉, 〈DJ에게〉, 〈공부합시다〉 등을 발표했다. 이은하의 〈봄비〉, 한울타리의 〈사랑의 미로〉, 〈우린 너무 쉽게 헤어졌어요〉 등도 주목받았다. 코미디언 출신 가수 방미의 〈날 보러와요〉가 대 히트를 쳤으며, 이어 주현미의 시대가 1980년대에 트로트를 풍미하게 했다. 약사 출신인 그녀는 1984년 〈쌍쌍파티〉로 시작하여 〈비 내리는 영동교〉, 〈신사동 그 사람〉 등 주옥같은 히트곡을 냈다. 특히 주현미와 같은 시기에 문희옥 역시 장안에 화제를 뿌렸다. 설운도와 현철 역시 대기만성형으로 설운도는 〈마음이 울적해서〉, 현철은 〈앉으나 서나 당신 생각〉으로 10여 년간의 무명세월을 씻었다. 또한 송대관과 태진아 역시 그 뒤를 이어 롱런의 히트곡을 계속 내면서, 남자 4인방 시대를 열었다. 또한 당신을 애절하게 부른 김정수, 김국환의 〈타타타〉 등으로 발라드와 트로트의 활성이 두드러졌던 때였다.

1980년대에 빠질 수 없는 또 다른 가수를 뽑는다면, 단연 조용필이다. 1975년 〈돌아와요 부산항에〉로 스타덤에 올랐으나, 대마초 사건으로 인해 심한 굴곡의 삶을 살았다. 이후 1980년 〈창밖의 여자〉, 〈촛

불〉, 〈미워미워미워〉, 〈못살겠다 꾀꼬리〉, 〈미지의 세계〉, 그리고 유명한 〈허공〉 등 수십 곡의 히트곡을 연달아 내보였다. 조용필은 가왕이라고 불리는 지금까지도 신곡을 발표하며 왕성하게 활동하고 있다. 그리고 1980년대에는 1970년대에 이어 저항적 민중가요도 꾸준히 불리었다. 1980년대의 대표적인 곡에는 다음과 같은 것들이 있다.

● '새벽'의 〈그날이 오면〉

'새벽'은 한국 최초의 전문적인 진보적 노래운동 단체로 1983년에 결성되었다. 이 곡은 1980년대 노래운동의 수장이었던 작곡가 문승현이 지은 대표작(1985)으로 〈아침이슬〉에 비교될 정도로 높은 완성도를 자랑한다. 이 노래는 대의를 위해 죽음을 앞둔 젊은이가 자신의 삶과 죽음 전체를 되돌아본다는 내용으로 학생운동과 노동운동을 하던 많은 젊은이들이 공감하며 부른 노래이다.

● '들국화'의 〈행진〉

우리나라의 1970년대와 1980대는 산업화가 급격하게 진행되고, 민주주의의 기틀을 마련하기 위해 많은 혼란이 있던 시기였다. 그러나 당시의 권위주의적이고 억압적인 정치상황은 거의 암흑기나 다름없었다. '압제', '탄압'과 같은 단어는 상황을 대변하기에 가장 적절한 단어다. 정부에 반대하는 모든 것은 억압하고, 탄압하며, 삭제하고 금지시켰다. 이러한 숨막히는 상황을 해소할 수 있는 것은 음악뿐이었다. 서구의 문화들이 들어오면서 팝송과 통기타가 청년문화의 상징이 되었고, 음악이라는 매개체를 통해 정권에 대한 부정적인 시선을 표출했다. 대중매체를 위주로 활동했던 '주류 음악'과 록과 포크를 중심으로 하던 '비주류 음악' 또한 구분 없이 공존하는 시기였다. 비주류를 대표했던 들국화의 〈행진〉(1985)은 젊은 청춘들에게 새로운 의미로 읽혀졌다. 곱지 않은 시선들이 익숙해져 버린 그들의 심리를 고스란히 반영해주는 안식처 역할을 했던 것이다.

현재를 살아가는 우리들의 상황은 어떠한가. 〈행진〉이라는 노래가 단지 1980년대를 대변해 주는 노래라고만 평할 수는 없을 것 같다. 지금의 젊은이들도 자신만의 특별한 미래를 꿈꾸지만, 결국 현실에 타협하며 취업이 젊은 시절의 목표가 되어 버렸다. 하지만 우리의 마지막 날까지 인생은 행진하고 있고, 다시 아침은 밝아온다는 것이다.

• '노래를 찾는 사람들'의 〈솔아 푸르른 솔아〉

이 노래는 1980년대 말에 가장 대중적으로 인기를 누렸던 민중가요였다. '노래를 찾는 사람들(노찾사)'이 1989년에 음반으로 발매하여 텔레비전 가요차트 프로그램에서 7위를 차지하기도 했다. '새벽'의 회원이자 대학생이던 안치환이 1987년에 자신의 동아리 선배가 시위를 주동하고 감옥으로 가는 모습을 보고 지은 노래로, 이후 '노래를 찾는 사람들'을 거쳐 솔로로 활동하는 안치환의 첫 히트작이 되었다. 노래의 가사는 안치환이 박영근의 원작 시에서 여러 가지 모티프를 가져왔다고 한다.

1990년대 대중음악

1990년대 가요계에는 큰 지각변동이 있었다. 1994년 7월 무렵 '서태지와 아이들', '뮤', '룰라', '코코', '1과 2분의1' 등이 강세를 보였던 반면, 발라드는 약간 주춤하던 시기였다. 하지만 1996년 서태지가 은퇴하고 댄스곡이 시들어지면서 발라드가 다시 강세를 보였다. 당시 상승곡선을 탔던 가수는 신승훈이었다. 매년 가을이 되면 발라드로 가요계에 새바람을 일으켰던 그는 밀리언셀러를 기록하게 되는데, 거기에 수록된 곡들로는 〈미소 속에 비친 그대〉, 〈가을빛 추억〉, 이풀잎 작가가 쓴 〈소녀에게〉, 〈로미오〉 등이 있다. 4/4분기 초기에는 서태지와 방송프로듀서 간의 마찰, 악마 찬양설 등으로 서태지의 음반판매고가 다소 뒤떨어진 시기였다. 1993년 'MBC대학가요제' 대상 수상자인 전람회는 신승훈을 잇는 그룹으로 클래시컬한 멜로디와 화음으로 오디오 마니아들에게 많은 사랑을 얻었다.

젊은 층의 가수들 이외에도 중견급 가수들의 활약도 만만치 않았다. 패티 김과 이미자는 KBS '빅쇼'를 통해 서로의 역량과 가창을 과시했으며 1960년대의 라이벌의 면모를 그대로 보여주었다. 이어진 중견가수들의 활약은 서민들에게도 많은 지지와 박수를 받았다. 조영남을 비롯해 나훈아, 조용필, 이선희 등이 나와 무게 있는 무대를 선보였다. 텔레비전 밖에서는 라이브에 강한 콘서트도 이어졌다. 〈아침이슬〉, 〈백구〉 등 무수히 많은 히트곡을 낸 양희은은 처음으로 콘서트를 가졌고, 심수봉은 연강홀에서 코러스 가수 장필순은 학전 소극장에서 각각 콘서트를 가졌다. 또 1993년 발표된 강산에의 〈라구요〉는 통일이라는 주제를 우리에게 다시 한 번 상기시켜준 곡이다. 통일이라는 주제를 이렇게 친근하게 느끼게 해 준 가요는 이 노래가 처음일 것이다.

포크 가수의 맥을 이은 가수로는 정태춘과 김광석 등을 들 수 있다. 정태춘은 1970년대 후반 포크의 후발주자로 활동을 시작하여 1987년 '6월 시민항쟁'을 거치면서, 저항적인 민중가요 자작곡 가수로 변모하였다. 또한 그는 1990년대 초중반에 대중가요 음반에 대한 검열 철폐를 이끄는 역사적 성과를 남겼다. 드디어 1996년에는 음반 검열이 사라져 언더그라운드와 인디의 표현의 자유 신장에 크게 기여했다. 넥스트의 〈머니〉, 강산에의 〈태극기〉, 크라잉넛의 〈말달리자〉, 패닉의 〈벌레〉처럼, 음반 검열이 존재했다면 나올 수 없었을 노래들이 음반으로 발표되었다. 1990년대는 마치 1970년대 전반처럼 가요계에서 새로운 시도와 흐름들이 들끓었던 시기였다. 그 사이에도 김광석은 꾸준한 자기 색깔을 가지고 포크 음악을 이어왔다. 김광석은 이 시대 젊은이의 절박하고 순수한 정감을 실어 실제 이야기하듯 노래를 부르곤 했다. 모든 게 그래서 진실하고 절절한 '고백'처럼 들린다. 그의 노래 〈이등병의 편지〉에서는 '이등병의 편지 한 장/ 고이 접어 보내오/ 이제 다시 시작이다/ 젊은 날의 꿈이여'와 같은 가사에서, 〈서른 즈음에〉에서는 '조금씩 잊혀져간다/ 머물러 있는 사랑인 줄 알았는데/ 또 하루 멀어져간다/ 매일 이별하며 살고 있구나'와 같은 가사를 통해 입대를 앞둔 청년들이나 서른을 포함한 많은 사람들이 공감하고 그 감흥을 가슴속 깊이 저장했다. 어떤 상황이 닥치면 우리는 김광석 노래를 들으며 가슴 속에 묻어놓은 슬픔과 즐거움을 달래는 것이다.

1998년 외환위기가 시작된 후 자유를 외치던 대중가요의 파격적인 시도는 위축되기 시작하였다. 가사와 내용 모두에서 보수적으로 회귀하는 모습을 보였다. 댄스음악은 위축되었고, 'god'의 〈어머님께〉, '한스밴드'의 〈오락실〉에서 볼 수 있듯이 저항적이지 않다. 대신 인간 간의 감정적 유대를 중시하는 발라드가 부활했다. 조성모의 〈투 헤븐〉 등은 그 대표적인 작품이라고 할 수 있다. 그러나 이보다 더 주목할 만한 것은 경제적인 불황에 의해 음반산업이 위축되면서 음반의 시대가 매우 빠른 종말을 보여주었다는 점이다. 인터넷 시대에 돌입하면서 대중가요 전달의 매체가 음반에서 음원으로 바뀌었고, 그 과정에서 대중음악인들의 수입 창출방식이 크게 변화되었다. 이제 사람들은 음반을 사기보다는 인터넷 사이트나 휴대폰에서 다운로드 받은 노래를 듣게 되었다.

2000년대 대중음악

매체환경이 변함에 따라 노래 자체의 완성도와 호소력을 중시하는 노래들은 크게 위축되었다. 그에 비해 대형 기획사들은 자신들의 입지를 빠르게 변화시키며 이 상황을 빠져나갔다. 노래 작품에 승부하는 가수보다는 쇼, 광고, 드라마 등을 소화하는 만능 엔터테이너를 만들어 수익의 원천을 다변화했고, 한편으로는 한정된 한국 시장을 넘어서 해외 시장을 공략하였다. 그리고 이런 결과로 '케이팝K-Pop'이라는 이름으로 많은 우리 노래들이 세계에 알려졌다. 이들 노래의 특징은 아주 쉽고 단순한 가사와 반복되는 멜로디이다. 또 섹시함으로 대중을 자극하는 가수들의 몸과 춤, 화려한 쇼 연출로 대중의 눈과 귀를 사로잡았으며 1인 가수보다는 남녀 그룹이 대거 등장하였다. 이러한 케이팝들은 한류를 불러일으키며 문화산업의 향상을 가져왔지만, 대중가요의 다양성과 창의성을 약화시키는 양면적 모습을 모두 보여준다. 2012년에 이르러 케이팝을 이끄는 걸그룹들이 아시아를 넘어 미국과 서유럽 진출에 성공했고, 싸이PSY의 〈강남 스타일〉은 한국 대중가요 사상 최초로 빌보드 순위 2위에 올랐다. 또 2014년 5월 31일에는 뮤직비디오의 유튜브 조회수가 최초로 20억 건을 돌파하는 기록을 세웠다.

3) 문학의 대중가요화

고전시가와 더불어 현대문학의 많은 작품들이 대중가요로 변용變容되어 불리고 있다. 이미 알려져 있는 고전시가와 현대 문학뿐만 아니라, 대중가요로 변용되기 전에는 알려져 있지 않았던 작품에 이르기까지 다양한 작품이 대중가요라는 옷을 입고 나타났다.

고대가요 · 이상은의 〈공무도하가〉

이상은의 〈공무도하가〉는 이상은이 1995년에 발표한 앨범 '공무도하가'에 수록되어 있다. 고대가요의 가사 '공무도하公無渡河, 공경도하公竟渡河, 타하이사墮河而死 당내공하當奈公何'를 그대로 사용하고, 다시 '님아, 님아 내 님아, 나를 두고 가지마오'와 같이 다시 풀어쓰기를 반복해서 만든 곡으로 2008년 정지숙 감독에 의해 애니메이션 형식의 뮤직비디오로 제작되었고, 유럽 '바벨검 뮤직비디오 어워즈BMVA: Babelgum Music Video Awards'에서 호평을 받기도 하였다.

공무도하가
– 작자 미상

공무도하 公無渡河	임이여, 물을 건너지 마오
공경도하 公竟渡河	임은 그예 물을 건너시네
타하이사 墮河而死	물에 휩쓸려 돌아가시니
당내공하 當奈公何	가신 임을 어이할꼬

고려속요·버블시스터즈·SG워너비의 〈가시리〉

고려속요 〈가시리〉는 사랑하는 사람과의 이별을 안타까워하며 부른 작자·연대 미상의 고려 가요이다. 이 작품은 남녀 간의 이별의 정한情恨을 노래한 것이 주제가 되며, 그러한 주제를 드러내기 위해 사랑하는 님을 떠나보내야 하는 슬픔, 버림받을 경우 외롭고 쓸쓸한 삶을 저어하는 심정, 임의 마음을 상할까 두려워 떠나는 임을 잡지 못하는 마음이 드러나 있다.

버블시스터즈의 〈가시리〉와 SG워너비의 〈가시리〉는 둘 다 사랑하는 님을 떠나보내면서 겪게 되는 슬픔을 노래하고 있다. 여기에서 '사랑에 대한 슬픔'이라는 주제적인 측면이 고려속요 〈가시리〉와 동일하다고 할 수 있다. 그러나 버블시스터즈의 〈가시리〉는 고려속요의 〈가시리〉를 부분적으로 그대로 인용하여 부른 반면, SG워너비의 〈가시리〉는 제목과 그 정서만 그대로 가져와서 부르고 있다.

가시리
– 작자 미상

가시리 가시리잇고 나난
버리고 가시리잇고 나난
위 증즐가 대평성대(大平盛代)

날러는 어찌 살라 하고
버리고 가시리잇고 나난
위 증즐가 대평성대(大平盛代)

잡와 두어리마난
선하면 아니올셰라
위 증즐가 대평성대(大平盛代)

설운 님 보내옵나니 나난
가시난 닷 도셔오서서 나난
위 증즐가 대평성대(大平盛代)

김소월·마야의 〈진달래꽃〉

김소월의 「진달래꽃」은 고려가요 〈가시리〉와 전통민요 〈아리랑〉으로 이어져 내려온 한국적 정한情恨의 세계를 시로 승화시키고 있다. 이별의 슬픔을 보여주지 않으려는 정서가 시 속에 녹아 있다. 그러나 '죽어도 눈물 아니 흘리오리다'의 시구에서 보듯이 어떠한 일이 있어도 결코 임을 보내고 싶지 않다는 진심을 그 속에 숨겨 놓고 있는 듯하다.

마야의 〈진달래꽃〉은 이러한 슬픔 속에 님을 떠나보내지 않으려는 의지가 노래에서 표현되는데, 이 노래는 애잔한 발라드로 부른 것이 아니라, 발라드 록으로 아주 힘 있게 부르고 있다. 여기서 떠나는 님을 떠나보내지 못하겠다는 의지를 잘 표현해 주고 있다고 할 수 있다.

진달래꽃
– 김소월, 1922

나 보기가 역겨워
가실 때에는
말없이 고이 보내 드리오리다

영변에 약산
진달래꽃
아름 따다 가실 길에 뿌리오리다

가시는 걸음 걸음
놓인 그 꽃을
사뿐히 즈려 밟고 가시옵소서

나 보기가 역겨워
가실 때에는
죽어도 아니 눈물 흘리오리다

정지원·안치환의 〈사람이 꽃보다 아름다워〉

정지원의 시 「사람이 꽃보다 아름다워」는 1996년 민중노래패 '꽃다지' 대표가 국가보안법 위반으로 구속되었을 때, 석방촉구 공연을 본

느낌을 시로 쓴 것으로 안치환이 노래로 부르면서 대중들에게 많이 알려지게 되었다.

사람이 꽃보다 아름다워
– 정지원, 1996

단 한 번일지라도
목숨과 바꿀 사랑을 배운 사람은
노래가 내밀던 손수건 한 장의
온기를 잊지 못하리
지독한 외로움에 쩔쩔매도
거기에서 비켜서지 않으며
어느 결에 반짝이는 꽃눈을 닫고
우렁우렁 잎들을 키우는 사랑이야말로
짙푸른 숲이 되고 산이 되어
메아리로 남는다는 것을

강물 같은 노래를 품고 사는 사람은 알게 되리
내내 어두웠던 산들이 저녁이 되면
왜 강으로 스미어 꿈을 꾸다
밤이 길수록 말없이
서로를 쓰다듬으며 부둥켜안은 채
느긋하게 정 들어가는지를

누가 뭐래도 믿고 기다려주며
마지막까지 남아
다순 화음으로 어울리는 사람은 찾으리
무수한 가락이 흐르며 만든
노래가 우리를 지켜준다는 뜻을

2
문학과 영화

1) 소설과 영화의 역학관계

소설과 영화는 이질적이고 독립적인 장르이면서도 하나의 공통분모를 가지고 있다. 이 둘은 서사성을 가진다는 점에서 하나의 공통점을 가지고 있으나, 문자언어와 영상매체라는 점에서는 차이점을 가진다. 소설과 영화의 공통점과 차이점을 정확히 파악하기 위해서는 무엇보다 소설과 영화의 표현방식을 제대로 이해해야 두 장르의 상호 관계성을 파악할 수 있다.

두 장르는 동질적이면서도 아주 이질적인 장르이기도 하다. 예를 들어 소설은 문자를 매개로 한다는 점, 영화는 영상을 매개로 한다는 점을 우선 들 수 있다. 서로 다른 매체를 활용하고 있으나, 이와 상관없이 이 두 장르는 공통적인 많은 속성으로 인해 상호불가분의 관계를 가지고 있는 것으로 대중들에게 인식되어 왔다. 그중에서 대표적인 요소로 뽑을 수 있는 것이 바로 소설과 영화의 서사적 특성이라 할 수 있다.

서사敍事, narrative는 시간적인 연계 속에서 이루어지는 일련의 사건에 의미를 부여하여 서술하는 것으로, 연속된 사건들이 이루어지는 담론체계를 말한다. 영화는 소설과 동일한 서사적 맥락을 가진 장르인 것이다. 즉 영화 역시 소설과 마찬가지로 일련의 서사구조를 지닌 텍스트이다. 영화에도 소설과 동일하게 등장인물이 존재하며, 인물이 경험하는 사건과 배경이 텍스트의 주제를 함축한다고 본다. 여기서 그 사건은 현실세계에서 우리가 겪는 사건과 같이 우연적이거나 개별적인 것들이 아니라, 어떤 의도와 인과관계에 의해서 만들어진 일련의 구성물이다.

이렇게 영화와 소설이 서사성을 가진다는 것은 우리가 소설 텍스트를 읽을 때, 사용하는 여러 기법들이 영화에도 똑같이 적용될 수 있다는 것을 말해준다. 그렇기 때문에 소설에서 사용되는 문학용어인 '시점, 플롯, 스토리' 등이 영화에서도 그대로 적용되고 있는 것을 쉽게 볼 수 있다.

영화는 19세기 말부터 등장하였는데, 서사성이라는 두 가지 장르의 공통점으로 인해 점차 더욱 가까워졌다. 그렇기 때문에 영화는 영화산업 초기 때부터 현대에 이르기까지 소설로부터 작품의 근간을 이루는 줄거리를 끊임없이 차용하여 왔다. 그뿐만 아니라 최근에 이르러서는 일반 소설을 포함한 인터넷 소설까지 영화화하고 있는 추세이다. 이것은 비단 우리나라에서만 해당되는 것이 아니라, 전 세계적인 경향이라 할 수 있다.

우리나라 영화사에서 소설을 영화로 제작하는 것은 영화의 초창기 때부터였다. 그 당시에는 제작환경이 열악하였고 마땅한 전문 시나리오 작가가 없었기 때문에 영화인들은 대중에게 널리 알려진 이야기를 활용하는 것을 선호하였다. 따라서 제작자들은 작품 선정을 할 때 기존의 유명한 소설을 영화화하는 경우가 많았다.

소설 「춘향전」의 표지

그중 〈춘향전〉은 우리나라에서 1935년에 감독 이명우에 의해 영화화된 최초의 작품이었다. 이후 십여 차례 이상 영화로 제작되었으며, 최근에는 임권택 감독의

〈춘향뎐〉으로 국제영화제에서 상을 받기도 하였다.

그 외에도 〈내 마음의 풍금〉, 〈서편제〉, 〈우리들의 일그러진 영웅〉, 〈소나기〉 등 소설을 원작으로 하여 영화화한 작품들을 들 수 있다. 이처럼 소설은 영화의 시나리오를 제공하고, 영화는 소설을 대중화시키면서, 영상예술의 내용적 요소를 풍성하게 해 주는 핵심적인 기능을 하고 있다.

현대인들에게 영상매체, 즉 영화는 문화의 필수품이 되어버렸다. 또한 영화는 현대사회의 가장 대중적이고 의미 있는 이야기 양식이라 할 수 있다. 그러나 영화와 소설은 그들이 가진 매체의 차이, 즉 영상매체와 문자매체라는 점에서 많은 차이점을 갖게 된다.

소설은 문자언어를 사용하기 때문에 문체, 대화, 언어적 묘사, 문학적 시점 등에 의해 읽어야 하는 반면, 영화는 카메라, 조명, 편집, 미장센, 연기, 음악, 음향 등 시각적 요소 등에 의해 듣고 보게 된다. 이것은 표현형식에 따라 전달도구나 서술구조가 달라진다는 것을 의미하며, 소설의 독자와 영화의 관객이 이것을 어떻게 수용하는가에 있어서 중요한 요인이 된다.

소설은 독자의 상상력을 요구하며, 그들의 배경지식에 의해 이야기의 내용이 재구성되지만, 영화는 관객들의 상상력을 요구하지 않는다. 영상을 통해서 실제와 똑같이 보여주기 때문이다. 그래서 아무런 의심 없이 눈에 보이는 대로 수동적으로 받아들이게 된다. 이것은 문자와 영상의 문제라기보다는 수용방식의 문제, 즉 능동적인가 수동적인가 하는 문제이다.

2) 문학의 영화화

문학작품의 영화화는 가스트Wolfgang Gast에 의하면 다음의 네 가지 유형으로 구분된다고 한다(가스트 저, 조길예 역, 1999).

첫째, '문학작품의 원자재로 사용'이다. 원전의 모티프만을 따올 뿐 인물구성이나 플롯은 독자적으로 만든 영화이다. 둘째, '도해圖解로서의 전환'이다. 가장 흔한 유형으로, '문학의 영화화'로 '원전의 충실성'만을 강조하여, 피상적으로 내용을 그대로 재생시키기도 한다. 셋째, '해석적 변형으로서의 전환'이다. 단지 내용 차원의 영상으로 바꾸는데 그치지 않고 원전이 갖는 내용과 형식의 관계, 기호 및 텍스트 체계를 영화라는 매체가 지닌 예술 양식적 코드로 변화시킴으로써 새로운 작품을 만들어내는 것이다. 내적 독백, 보이스 오버 등의 적극적인 활용이 특징이며, 원전을 주관적으로 해석하는 경향이 있다. 넷째, '기록적 전환'이다. 이는 연극 공연을 녹화한 영화의 경우를 말한다.

아시아 문학과 영화

- 한국: 서편제西便制

소설 「서편제」와 「소리의 빛」

저자	이청준1939~2008
장르	단편소설
출판연도	「서편제」 1976년, 「소리의 빛」 1978년
기타	「서편제」는 1976년 『뿌리 깊은 나무』에 처음 발표되었고, 연작소설집 『남도사람』에 수록되어 있는 단편이다. 이 작품과 이어지는 7편의 연작소설에는 「소리의 빛」, 「선학동 나그네」, 「새와 나무」, 「다시 태어나는 말」, 「살아 있는 눈」, 「눈길」, 「해변아리랑」이 있다.

영화 〈서편제〉

감독	임권택1936~
원작	이청준의 「서편제」, 「소리의 빛」
각색	김명곤
제작연도	1993년
출연	김명곤, 우정해, 김규철, 최동준, 최정원 외
기타	영화 〈서편제〉는 이청준의 소설 『남도사람』 연작 가운데 「서편제」와 「소리의 빛」을 각색하여 제작되었으며, 개봉 당시 100만 관객 동원이라는 당시 한국영화사상 최고의 흥행기록을 세웠다. 또한 이 영화는 1993년 상해영화제에서 임권택 감독이 최우수감독상, 배우 오정해가 최우수 여우주연상을 수상하였고, 제31회 대종상 최우수작품상, 감독상 등을 수상하였다.

소설 「서편제」, 「소리의 빛」과 영화 〈서편제〉는 한限과 소리에 대한 주제를 다룬 작품으로 정해진 직업이 없이 떠돌아다니는 소리꾼이 자기 딸을 더 좋은 소리를 낼 수 있는 소리꾼으로 만들기 위해 딸의 두 눈에 청강수를 넣어 일부러 두 눈을 멀게 한다는 비극적인 내용을 다루고 있다. 자세한 내용은 어떤 '사내'가 소리를 찾아 소릿재와 주막을 찾아가고 그 곳에서 주막을 지키는 여인을 만나 소리 주인의 이야기를 확인하게 된다. 그리고 또 다시 소리를 찾아 길을 떠난다. 대부분의 이야기는 주막 여인과 사내가 회상을 하면서 대화하는 내용이다. 이어서 나온 「소리의 빛」에서는 사내가 찾아다녔던 소리하는 장님 여인을 만나는 내용이다. 여기에서 사내와 소리하는 장님 여인의 관계를 직접적으로 밝히지는 않지만 밤새 이어지는 북장단과 소리로 둘의 관계를 이해할 수 있으며, 사내는 장님 여인에게 어떠한 내색도 하지 않고 길을 다시 떠난다.

영화 〈서편제〉는 소설 「서편제」, 「소리의 빛」으로 이루어져 있는데, 〈서편제〉의 내용이 대부분이며, 「소리의 빛」의 내용은 전체 내용의

10% 정도만 차지하고 있다. 그러나 사내와 장님 여인의 만남은 영화의 절정부분에 해당되며, 이를 통해서 영화에서 극적인 장면을 연출해 내고 있다. 또한 영화에서는 소설에서 드러나지 않는 신문물의 유입과 같은 시대적인 상황을 소리꾼 '유봉'의 과거 이야기를 첨가하면서 청각적, 시각적으로 드러내고 있다. 그리고 소설에서는 사내 '동호'의 의붓아비인 '유봉'과 누이 '송화'의 행적들이 단지 사내의 회상과 추측에 의해서 그려지지만 영화에서는 추측인 아닌 시각적인 영상으로 직접적으로 나타내고 있다. 이 소설을 영화화하면서 가장 큰 효과를 얻을 수 있었던 것은 문자로 표현하기 힘든 '소리'를 영상매체를 통해 직접적으로 전달한 것이다. 또 실제의 '서편제' 소리를 통해서 문자로는 전달하기 힘들었던 전체 이야기의 정서를 충실히 드러낼 수 있었다. 소설 「서편제」는 영화 〈서편제〉에 이어 창작 뮤지컬 〈서편제〉로 제작되어 공연된 바 있다.

● 일본: 라쇼몽Rashomon

소설 「라쇼몽羅生門」과 「덤블속藪の中, In a Grove」

저자	아쿠타가와 류노스케芥川龍之介, 1892~1927
장르	단편소설
출판연도	「라쇼몽」 1915년, 「덤블속」 1922년
기타	「라쇼몽」과 「덤블속」은 아쿠타가와 류노스케의 역사 소설로 소재는 일본 고전인 「곤자쿠모노가타리슈今昔物語集」에서 가져왔다. 이 책은 헤이안平安 시대 말기의 설화집으로 12세기 초에 완성되었고, 총 1,059편이 수록되어 있다. 따라서 이 두 편의 소설 또한 시대적 배경은 헤이안 시대의 모습을 보여 주고 있다.

영화 〈라쇼몽〉

감독	구로사와 아키라黒澤明, 1910~1998
원작	아쿠타가와 류노스케의 「라쇼몽」, 「덤블속」
제작연도	1950년

출연 미후네 토시로, 쿄 마치코, 모리 마사유키 외
기타 이 영화는 구로사와 아키라 감독이 1951년 베니스 영화제에서 황금사자상을 수여함으로써 일본 영화의 수준을 국제적으로 알렸으며 일본인들이 영화에 있어서 패전 후의 서양에 대한 열등감을 해소할 수 있는 계기를 마련했다는 평가를 받았다.

영화 〈라쇼몽〉은 아쿠타가와 류노스케가 1915년에 쓴 단편소설 「라쇼몽」과 1922년에 쓴 단편소설 「덤블속」을 원작으로 구로사와 아키라 감독이 영화화하였다. 「라쇼몽」에서는 영화 속 배경과 제목 등을 가져왔고, 「덤블속」에서는 영화의 전체 이야기의 대부분을 가져왔다. 영화 〈라쇼몽〉은 구로사와 아키라 감독이 두 단편소설을 적절히 조화시켜 영화로 재해석된 작품이라고 할 수 있다.

소설 「덤블속」은 어떤 남자의 시체를 발견한 나무꾼, 부부를 목격한 수도승, 여자의 늙은 어머니 등의 진술로 이야기가 전개되는데, 이 세 사람은 모두 여자가 도적에게 묶어 있었고 남자가 가슴을 찔려 죽은 것은 인정하지만, 그때 일어난 일에 관해서는 모두 서로 다른 진술을 하게 된다. 즉 이 세 사람 중 누군가는 거짓말을 하고 있거나, 아니면 모두 거짓말을 하고 있는 것이다. 소설에서는 이 세 사람의 진술이 나란히 기술된 지점에서 끝난 버려 사건이 덤블 속에서 헤어 나오지 못함을 보여 주고 있다. 영화 〈라쇼몽〉에서도 이러한 상황이 영상을 통해서 보여지는데, 세 사람의 말이 쏟아져 나오고 영상적으로 그것을 통해 전개되어 어느 것이 진실인지 알 수 없게 되는 부분은 소설과 비교하여 다소 혼란을 야기하고 있다는 평가를 받기도 하였다.

영화 〈라쇼몽〉에서 보이는 서로 다른 세 사람의 진술을 표현하는 기법을 '라쇼몽 효과Rashomon effect' 또는 '라쇼몽 기법'이라 하는데, 이것은 플래시백flashback을 통해 하나의 사건을 여러 가지의 시각으로 재현하는 방식을 취하는 것이다. 이 기법은 거짓으로 관객들에게 진실을 은폐하고 변형하여 전달하는 효과를 지니기도 한다.

● 중국: 붉은 수수밭紅高粱, Red Sorghum

소설 『홍까오량 가족紅高粱家族』

저자	모옌模言, 1955~
장르	장편소설
출판연도	1987년
기타	작가 모옌은 2012년 중국인으로 최초로 노벨문학상을 받은 사람으로 현재까지도 창작 작업에 전념하고 있다. 이 소설의 배경은 1920년대 중반부터 1940년대 초반의 중국 산동성 까오미 현이다. 일본군의 주둔으로 그 곳의 사람들은 갖은 착취와 부역 등 일본의 만행에 시달리면서 일본군에 맞서는 중국인들의 모습이 사실적으로 묘사되어 있다.

영화 〈붉은 수수밭〉

감독	장이모張藝謀, 1950~
원작	모옌의 『홍까오량 가족紅高粱家族』
제작연도	1988년
출연	공리, 강문 등여준, 계춘화 등
기타	장이모 감독은 이 영화로 1988년 베를린 영화제에서 금곰상을 수상하였고, 원저자인 모옌이 영화 시나리오 각색 작업에 참여하였다. 이 영화는 당시의 농촌 상황, 일본군의 실태 등과 같은 중요한 역사적 자료 등을 우리에게 보여주기도 한다.

소설 『홍까오량 가족』은 주인공 '따이펑리엔'이 고량주 양조장집 아들에게 팔리듯 시집가던 때, 꽃가마꾼인 '위잔아오'와 사랑에 빠져 '나'의 아버지를 갖게 되는 부분에서 시작한다. '위진아오'는 양조장집 부자를 살해하여 '따이펑리엔'이 양조장집의 주인이 되게 하고 자신은 일꾼으로 들어가 있다가 일본군의 핍박에 시달리던 인근의 민중들을

통솔하여 일본군에 저항한다. 이러한 커다란 이야기 뼈대에 여러 가지 많은 이야기들이 전개된다. 손자인 '나'의 입을 통해 3대에 걸쳐 전해 내려온 이야기에 바탕을 둔 소설 『홍까오량 가족』에 일본군의 침입, 사랑, 수수밭이라는 재료들을 한데 묶어 만든 영화가 바로 영화 〈붉은 수수밭〉이다. 소설은 무궁무진한 서정과 수수밭 사이에서 일어나는 인간들의 이야기로 처음과 끝을 이루고 있으며, 이야기는 과거의 회상을 통해 진행되기 때문에 그 흐름이 엉켜버릴 수도 있다. 하지만 영화에서는 영화 전체의 서정성이 붉은 색으로 표현되면서 사건이 펼쳐지고 전체 이야기 또한 정해진 시간의 흐름 속에서 진행되기 때문에 그 주제를 정확히 파악할 수 있다. 그러나 소설이 담고 있는 여러 가지 중요한 이야기들을 다 담지 못하고 중국 공산당의 일방적인 미화로 정치적인 색채를 보여주고 있는 것이 가장 아쉬운 점이다.

영미문학과 영화

- 미국: 브로크백 마운틴Brokeback Mountain

소설 「브로크백 마운틴」

저자	애니 프루Annie Proulx, 1935~
장르	단편소설
출판연도	1999년
기타	1960년대부터 1980년대의 미국을 배경으로 하고 있는 이 소설은 동성애라는 파격적인 주제로 쓰였다. 저자 '애니 프루'는 작품 속 인물들에 대해서는 실제 삶에서 비롯된 것은 아니라고 한다. 배경 또한 북미의 시골지역으로 지역과 시대의 완고한 분위기와 혹독한 주변 환경에도 불구하고, 주인공들이 간직하는 이상적이면서도 세상에 존재할 것 같은 이미지들에 의해서 이 소설을 쓰게되었다고 한다.

영화 〈브로크백 마운틴〉

감독	앙리Ang Lee, 1954~
원작	애니 프루의 「브로크백 마운틴」
제작연도	2005년
출연	히스레저, 제이크 질레할, 앤 헤서웨이, 미셀 윌림엄즈, 린타 카델리니 등
기타	애니 프루의 단편집 『클로스 레인지, 와이오밍 이야기Close Range, Wyoming Stories』에 수록된 동명소설 「브로크백 마운틴」을 각색한 작품이다. 영화는 2006년 아카데미 최우수 각색상, 최우수 감독상, 최우수 음악상 등을 수상하였다. 원저자인 애니 프루는 자신의 소설에서 전달하려고 하는 것이 영화에서도 변함없이 전달되기를 바랐다. 시나리오가 나왔을 때, 애니 프루는 “나는 아마 한 작품 전부를 완전하게 스크린에 담아낸 미국 최초의 작가일 것이다”라고 했다고 한다.

록키산맥, 브로크백 마운틴의 양떼 목장에서 함께 여름을 보낸 잭과 에니스는 서로에게 우정 이상의 감정을 갖게 되고 아주 친밀한 사이로 발전하게 된다. 그러나 그들은 여름이 지난 후 기약 없는 헤어짐으로 서로 각자의 삶을 살게 된다. 그러다가 4년 만에 재회하게 된 두 사람은 20년간 만남과 헤어짐을 반복하면서 사랑의 고통으로 힘들어하게 되고 잭의 죽음으로 인해 에니스는 잭과의 사랑을 다시 한 번 더 확인하게 된다.

동성애라는 주제를 가지고 있으면서도 동성애가 죄악이라든지, 범죄의 범주에 넣지 않고 그들의 사랑을 아주 아름답고 슬픈, 그리고 감동적인 것으로 표현하고 있다.

영화가 원작의 거의 모든 내용을 다 포함하고 있어서 원작과 영화의 차이가 거의 없지만, 인물들의 개인적인 결혼생활과 같은 이야기 흐름상 큰 비중을 차지하지 않았던 부분이 영화에서는 좀 더 많은 내용을 다루고 있으며, 두 남자의 회상 장면이 원작에서는 그 장면을 떠올리는 것으로 서술되고 있지만 영화에서는 플래시백을 사용하고 있다는 점 등이 다른 부분이다. 그러나 잭과 에니스가 만나서 20년이 지난 뒤 혼자 남은 에니스를 보여주는 장면까지는 원작과 동일하게 이야기가 전개되고 있다. 따라서 이 영화의 경우는 거의 원작을 훼손시키지 않았다고 볼 수 있다.

- 영국: 베니스의 상인The Merchant of Venice

희곡 「베니스의 상인」

저자	윌리엄 셰익스피어William Shakespeare, 1564~1616
장르	희곡
출판연도	1600년
기타	극작가 셰익스피어의 5막으로 구성된 희극으로 1596년경에 쓰였고, 1600년에 초판이 나왔다. 낭만적인 줄거리와 감미로운 장면이 풍부한 희극이나 당시 런던 시민들이 지녔던 유태인에 대한 증오심을 배경으로 하고 있다. 또한 이 극에 등장하는 악당 샤일록은 악당이 아니라 비극적인 인물로 묘사되고 있다.

영화 〈베니스의 상인〉

감독	마이클 래드포드Michael Redford, 1946~
원작	윌리엄 셰익스피어의 「베니스의 상인」
제작연도	2004년
출연	알 파치노, 제레미 아이언스, 조셉 파인즈, 린 콜린스 등
기타	2004년 베니스 영화제에서 상영되었으며, 감독은 16세기에 쓰인 이 이야기를 반 유태주의와 같은 기독교와 유태인 간의 상투적인 갈등이 아닌 오늘날 우리가 겪는 문명 간의 갈등을 그려냈다고 밝혔다.

셰익스피어의 희곡으로 잘 알려져 있는 「베니스의 상인」은 안토니오의 친구 바사니오가 포샤에게 청혼하기 위해 돈을 빌리려고 하자 돈이 없었던 안토니오는 고리대금업자 샤일록에게서 돈을 빌리게 된다. 그리고 만약 돈을 갚지 못하면, 자신의 살 1파운드를 준다고 계약한다. 바사니오는 안토니오에게 돈을 빌려 포샤와 결혼을 하게 되지만,

안토니오는 샤일록에게 빌린 돈을 갚지 못하게 되어 재판이 벌어진다. 그러나 포샤가 남장을 하고 재판관으로 변장한 후 살 1파운드를 도려내는 대신 피 한 방울을 흘리면 안 된다고 판결을 내린다. 그 후 샤일록은 재산을 잃게 되고, 안토니오는 배가 돌아오고 있다는 소식에 기뻐하며 끝이 난다.

래드포드 감독은 셰익스피어의 원작을 최대한 그대로 살리기 위해 실제로 베니스에서 촬영을 진행하면서, 샤일록과 안토니오에 대한 재해석으로 드라마적인 재미를 더해 주고 있다. 원작의 지루한 스토리, 음울한 배경, 셰익스피어만의 어려운 대사 등은 충분히 배제시키면서도 원작의 큰 줄거리를 그대로 영화에 담아내고 있다.

유럽문학과 영화

● 프랑스: 레미제라블Les Miserables

소설 『레미제라블』

저자 빅토르 위고Victor-Marie Hugo, 1802~1885
장르 장편소설
출판연도 1862년
기타 이 소설은 프랑스 혁명과 나폴레옹 전쟁을 시공간적인 배경으로 하고 있으며, 주인공 장발장과 같은 민중을 불행하고 비참하게 만든 당시 사회의 부조리와 비합리성에 대해 이야기하고 있다. 그리고 이 작품은 빅토르 위고의 인도주의적 세계관으로 일관된 서사시적 작품으로 19세기 프랑스 낭만주의 문학의 대표작이다.

영화 〈레미제라블〉

감독 톰 후퍼Tom Hooper, 1972~
원작 빅토르 위고의 『레미제라블』
제작연도 2012년
출연 휴 잭맨, 앤 해서웨이, 러셀 크로우, 아만다 사이프리드, 헬레나 본햄 카터 등

기타	원작이 이미 뮤지컬로 제작되어 세계 4대 뮤지컬의 하나로 불리고 있는 가운데 영화가 제작되어 상영되었다. 뮤지컬 영화라는 점에서 배우들의 성량이 부족하다는 평가에도 불구하고 70회 골든글로브 시상식에서 다수의 상을 수상하였다.

'레미제라블'은 '불쌍한 사람들'이라는 의미를 가지고 있는데, 소설 역시 배고파 우는 어린 조카들을 위해 빵 한 조각을 훔치고 탈옥을 반복하여 19년이나 징역을 산 장발장에 관한 이야기이다.

시대적 배경은 정확하게 알 수는 없지만 19세기 프랑스 내에서 수차례 일어난 혁명, 봉기와 맞닿아 있다고 짐작할 수 있다. 따라서 이 영화는 민중의 승리를 외치는 혁명영화라고도 할 수 있으며, 한 인간의 파란 만장한 삶을 통해 보여주는 인간승리에 대한 영화라고도 할 수 있다. 그러나 한 가지 알아둬야 할 것은 이 영화가 배경으로 하고 있는 150년 전의 사회현실과 오늘날의 사회현실은 근본적으로 큰 차이가 있음에도 불구하고 소설과 영화가 여전히 감동을 주고 있다는 것이다. 그 이유는 소설과 영화가 다루고 있는 주제가 누구나 공감할 수 있는 '사랑'과 '혁명'이기 때문이다.

소설에서는 마지막 장면이 장발장의 죽음과 묘비명에 얽힌 후일담으로 끝나는 반면에 영화에서는 마지막 장면이 합창으로 끝나는데 뮤지컬 버전의 오리지널 사운드를 삽입한 것이며, 이것은 1848년의 2월 혁명을 암시하고 있는 것이다.

● 독일: 향수Das Parfum-Die Geschichte eines Mörders

소설 『향수』

저자	파트리크 쥐스킨트Patrick Süskind, 1949~
장르	장편소설
출판연도	1985년
기타	이 소설은 독일의 포스트모더니즘 문학을 대표하는 소설로 30여 개의 언어로 번역·소개되었고 출간 이래 세계 45개국에서 1,500만 부 이상의 판매기록을 달성한 최장기 베스트셀러 중 하나이다. 쥐스킨트는 이 소설을 집필하기 위해 실제로 파리의 다락방에 18세기 파리의 지도를 붙여 놓았고, 향수의 도시 그라스를 직접 방문해 취재하기도 했다고 한다.

영화 〈향수〉

감독	톰 티크베어Tom Tykwer, 1965~
원작	파트리크 쥐스킨트의 『향수』
제작연도	2006년
출연	벤 위쇼, 더스틴 호프만, 앨런 릭맨, 레이첼 허드-우드, 카롤리네 헤어퍼스 등
기 타	이 영화는 아이힝거의 16년이라는 끈질긴 노력에 의해서 제작되었다. 저자인 쥐스킨트는 수많은 제작자들의 제안을 거절했고, 아이힝거는 16년 동안 쥐스킨트를 설득했다고 한다. 또한 아이힝거는 완성도 높은 영화 제작을 위해 티크베어 감독과 함께 2년이라는 긴 시간의 공을 들여 시나리오를 완성했다.

파트리크 쥐스킨트의 대표작인 소설 『향수』는 머리카락이 잘린 채 살해된 25명의 소녀들과 세계 최고의 향수를 만들려는 후각에 천부적인 기질을 타고난 그루누이의 이야기를 서술하고 있다. 중세 로코코 시대이자 계몽주의 시대를 배경으로 하여, 살인자 그루누이의 악마적이면서도 천진스러운 행동을 흥미진진하게 전개한다. '향수'라는 제목에서 볼 수 있듯이 냄새를 문자 언어로 묘사하였고, 영화를 통해서 다시 시각적으로 표현되어진다. 이와 더불어 '살인'이라는 사건이 연관성을 가지고 일어난다.

이 소설을 영화화한 톰 티크베어 감독은 자신의 작품에 대해서 "나는 책을 영화화한 것이 아니다. 나는 하나의 다른 작품을 토대로 하나의 작품을 창조해냈다"고 말했다. 소설과 영화 둘 다 후각에 탁월한 재능을 가진 '그루누이'의 일대기라는 점에서 공통점을 가지고 있으나, 영화에서는 '살인자의 이야기'에 중심을 두지 않고, '향수', 즉 '냄새'에 중심을 두고 영화가 진행된다. 또한 소설에서는 단지 언어로 묘사된 냄새를 독자들의 개별적인 간접체험을 통해서 인지하게 되지만 영화에서는 영상화되어 시각적으로 각인되고 뚜렷하게 인지된다.

CHAPTER 4

대중문화의 대응력과 가능성

대중문화의 대응력과 가능성

1
대중문화의 다양성

1) SF문학과 SF영화

SF문학의 기원

SF는 '과학소설Science Fiction'을 줄여서 부르는 말이다. 산업혁명과 과학기술의 발달에 따라 본격적인 SF가 등장하였는데, 프랑스 베른Jules Verne, 1828~1905의 『해저 2만리』(1869), 영국 웰스Herbert George Wells, 1866~1946의 『타임머신』(1895) 등에 의해 근대 SF의 기초가 세워졌다. SF는 크게 과학발달의 결과 인간생활이 어떻게 될 것인가를 그리는 '순수한 과학소설'과 이야기를 재미있게 하기 위해 황당무계한 과학적 공상을 이용하는 '공상과학소설'로 분류된다. 오웰Geroge Orwell, 1903~1950의 『1984』(1949), 헉슬리Aldous L. Huxley, 1894~1963의 『멋진 신세계Brave New World』(1932)는 순수과학소설에 속하고, 1968년은 큐브릭Stanley

Kubrick이 영화로 만든 〈2001: 스페이스 오디세이2001: A Space Odyssey〉가 공개된 해로 공상과학영화의 분수령이 되었다.

이러한 과학소설을 영화로 만든 것을 'SF영화'라 한다. 이후 'SF영화'는 독자적으로 발전하여 제작편수나 인기, 다양성 등에 근거하여 영화의 한 장르로 굳건하게 자리를 잡았다.

SF문학의 종류

● 소설 『해저 2만리Vingt mille lieues sous les mers』

미래를 꿈꾸게 하고 상상력을 넓혀 준 베른의 소설 『80일간의 세계일주』나 『해저 2만리』는 프랑스 과학문화의 산물이라고 할 수 있다. 과학기술이 급속도로 발전하던 시대적인 상황과 과학기술을 사회변화의 중요한 동인으로 생각하는 프랑스 사회의 문화가 없었다면, 베른의 주옥같은 SF문학은 세상의 빛을 보지 못했을지도 모른다.

『해저 2만리』는 해양학자인 아로낙스 박사가 바다의 괴물 퇴치를 위한 미군함에 탔다가 공교롭게도 괴물로 알았던 네모 함장의 잠수함 노틸러스호에 약 1년 동안 갇혀 지내면서, 대서양, 인도양, 태평양 등 해저 2만리를 누비며 체험한 일들을 기록한 이야기이다. 이 책이 세상에 발표되었을 때는 아직 잠수함이 만들어지기 전이었다. 신비로운 바다괴물이 몇몇 배와 나라들로부터 관측되었다. 그 후 여러 항로들은 그 괴물에 의해서 피해를 입게 된다. 미국 정부는 그 바다괴물을 처치하고, 연구하기 위해서 링컨호를 준비한다. 피에르 아로나스는 해양 생물학자로, 바다괴물은 그의 전공분야였다. 그는 괴물 연구를 하러 가는 링컨호에 초대되었고, 그 제안을 받아들인다. 그리고 자기 조수인 콩세유도 같이 데리고 간다. 그는 링컨호에서 작살을 다루는 네드 랜드를 만나게 된다. 링컨호는 지루한 항해를 거친 후 괴물을 발견하게 된다. 링컨호가 괴물을 공격하는 동안 아로나스 박사와 콩세유, 네드는 바다에 빠지지만 구조를 받는다. 그들은 거기서 네모선장을 만나게 되고, 네모선장은 바다괴물이 지금 타고 있는 노틸러스호라고 하였으며, 그리고 구조된 세 명은 대왕오징어와 싸우는 등의 신비한 바다 모험을 하게 된다. 거기서 도망칠 궁리를 하던 네드와 두 사람은 결국 노르웨이의 소용돌이 쪽에서 노틸러스호가 군함을 공격하는 틈을 타서 빠져나오게 된다. 그 후 그들은 구조가 되지만, 네모선장의 행방은 찾지 못하게 된다. 미국에서 만든 최초의 원자력 잠수함 'SSN-571 노틸러스호'는 이 소설에서 이름을 따왔다.

● 소설 『타임머신Time Machine』

『타임머신』은 진화론에 대한 19세기의 믿음을 발전으로 뒤바꿔놓은 '과학 로맨스'이다. 빅토리아 시대의 한 과학자가 자신이 시간을 거슬러 여행할 수 있는 장치를 발명했으며, 미래(802701년)의 런던으로 여행을 다녀왔다고 주장한다. 거기에서 그는 미래의 종족, 더 정확하게 말하자면 종족들(인간이 두 종류로 발전했기 때문에)을 발견했다는 것이다. 땅 위에는 온순하고, 어린이처럼 순수한 요정 같은 종족 엘로이들이 아무런 분쟁 없이 평화롭게 살고 있다. 그러나 땅 아래에는 연약하고 무방비 상태인 엘로이들을 먹고 사는 몰록들이 살고 있다.

이 소설은 과학 우화인 동시에 계급의 우화이기도 하다. 웰스는 이 작품에서 자신이 살았던 시대에 존재한 두 개의 사회(부르주아와 프롤레타리아)를 똑같이, 그러나 서로 다른 퇴보로 그렸다. '퇴보'는 진화의 반대로, 『타임머신』에서 보여준 웰스의 반유토피아적 전망은 19세기 후반에 유행했던 유토피아 소설들의 허점을 폭로하고 있다. 웰스는 인간의 투쟁이 결국은 실패로 끝나는 세계를 보여준다.

SF문학의 발전

● 아시모프Isaac Asimov, 1920~1992

아시모프는 20세기 최고의 과학 소설가이자 과학 해설자이다. 1920년 구소련 페트로비치의 유태인 가정에서 태어났고, 어려서 미국에 이주하여 귀화하였다. 전공은 생화학이었으나 천문학·물리학·화학·생물학 등 광범위한 과학 일반에 대하여 뛰어난 해설자로서 유명하다. 또 수많은 SF작품을 발표하여 미국 SF계의 1인자로서 로봇이 발달한 미래사회를 무대로 하는 작품이나 우주에 흩어져 있는 인류의 모습을 묘사하는 '미래의 사회'를 보여주는 SF작가이다.

뉴욕의 컬럼비아 대학교에서 화학을 전공한 그는 28세에 박사학위를 취득하고 보스턴 대학 교수로 한동안 지내었으나, 집필에 전념하기 위하여 교수직을 그만두었다. 1950년에 처녀 장편을 발표하여 인기 SF작가가 된 이래로 『파운데이션Foundation』, 『로봇 시리즈Robot』 등, 약 50년의 집필기간 동안 460여 권의 책을 써내었는데, 실제로는 500권이 넘는다는 주장도 있다.

아시모프는 과학소설뿐만 아니라 수학, 천문학, 물리, 생물, 기술 등 다방면에서 해박한 지식을 발휘하여 많은 과학 교양서를 집필하기도 했다. 그의 과학 교양서들은 현대과학을 쉽게 설명하여 현대과학의 대중화에 크게 기여했다. 아시모프는 또한 '로봇공학의 3원칙'의 창시자로도 유명하다. 잡지 편집자 캠벨과 아시모프의 아이디어를 바탕으로 탄생한 '로봇공학의 3원칙'은 현재에 이르기까지 많은 SF소설과 영화에 아이디어를 제공하고 있다.

대표작

- 『나는 로봇I, Robot』, 1950
- 『우주 3부작Trantorian Empire series』, 1950~1952
- 『우주의 조약돌Pebble in the Sky』, 1950
- 『암흑 성운The Stars, Like Dust』, 1951
- 『파운데이션Foundation』, 1951
- 『로봇Robot series 1~6』, 1954~1985
- 『우주의 기류The Current of Space』, 1962
- 『마이크로 결사대Fantastic Voyage』, 1966
- 『바이센테니얼 맨: 200세가 된 남자Bicentennial Man』, 1976
- 『두뇌로의 여행Fantastic Voyage II: Destination Brain 1, 2』, 1988
- 『네메시스Nemesis 1, 2, 3』, 1993

로봇공학의 3원칙

제1조 로봇은 인간에게 위해를 가하면 안 되며, 위험을 간과함으로써 인간에게 위해를 끼쳐서도 안 된다.

제2조 로봇은 인간의 명령에 절대 복종해야 한다. 단 명령이 제1조에 위반할 경우는 예외이다.

제3조 로봇은 제1조 및 제2조에 위반할 우려가 없는 한 스스로를 지켜야 한다.

제0조 로봇은 인류에게 해를 가하거나, 행동을 하지 않음으로써 인류에게 해가 가도록 해서는 안 된다.

The Three Laws of Robotics

The Three Laws of Robotics (often shortened to The Three Laws or Three Laws) are a set of rules devised by the science fiction author Isaac Asimov. The rules were introduced in his 1942 short story

"Runaround", although they had been foreshadowed in a few earlier stories. The Three Laws are:

1. A robot may not injure a human being or, through inaction, allow a human being to come to harm.
2. A robot must obey the orders given to it by human beings, except where such orders would conflict with the First Law.
3. A robot must protect its own existence as long as such protection does not conflict with the First or Second Laws.

These form an organizing principle and unifying theme for Asimov's robotic-based fiction, appearing in his Robot series, the stories linked to it, and his Lucky Star series of young-adult fiction. The Laws are incorporated into almost all of the positronic robots appearing in his fiction, and cannot be bypassed, being intended as a safety feature. Many of Asimov's robot-focused stories involve robots behaving in unusual and counter-intuitive ways as an unintended consequence of how the robot applies the Three Laws to the situation in which it finds itself. Other authors working in Asimov's fictional universe have adopted them and references, often parodic, appear throughout science fiction as well as in other genres.
This cover of I, Robot illustrates the story "Runaround", the first to list all Three Laws of Robotics.

The original laws have been altered and elaborated on by Asimov and other authors. Asimov himself made slight modifications to the first three in various books and short stories to further develop how robots would interact with humans and each other. In later fiction where robots had taken responsibility for government of whole planets and human civilizations, Asimov also added a fourth, or zeroth law, to precede the others:

0. A robot may not harm humanity, or, by inaction, allow humanity to come to harm.

The Three Laws, and the zeroth, have pervaded science fiction and are referred to in many books, films, and other media.

● 하인라인Robert A. Heinlein, 1907~1988

1907년 7월 7일 미주리 주 버틀러의 작은 마을에서 칠형제 중 셋째로 출생하여 어린 시절의 대부분을 캔자스시티에서 보냈다. 어린 시절부터 책을 좋아했던 하인라인은 미주리 주의 대학을 졸업한 후, 1925년 애너폴리스의 해군사관학교에 진학하여 1929년에 졸업, '수축성 폐결핵'으로 전역할 때까지 5년간 해군 구축함과 수송기에서 복무했다. 해군 대위로 전역 후 물리학과 수학을 공부하기 위해 UCLA에 진학한 그는 건강상의 이유로 다시 면학을 중단하게 된다. 이후로 부동산, 건축, 은 채굴업 등의 다양한 일에 손을 대었고, 1939년에는 캘리포니아 주의회 선거에 출마하기도 하였다.

그는 1939년 8월 '어스타운딩 사이언스 픽션Astounding Science Fiction'에 『생명선Life-Line』을 발표하며, SF소설계에 입문했다. 또한 맥도널드Anson McDonald, 먼로Lyle Monroe, 사운더Caleb Saunders, 리버사이드John Riverside와 요크Simon York의 필명을 사용해서 같은 잡지에 여러 편의 글을 동시에 싣기도 하였다. 이후 제2차 세계대전 중에는 일시적으로 SF 집필을 중단하고, 필라델피아의 해군연구소에서 고고도압력복과 레이더 연구를 했다. 당시 아시모프 역시 같은 연구소에서 근무했는데, 하인라인이 아시모프에게 해군연구소에서의 근무를 권했다고 한다.

전쟁이 끝난 뒤 그는 오직 SF 집필에만 전념하였는데, 1948년부터 1962년까지 많은 청소년 SF와 성인용 SF를 발표하며 활발한 활동을 펼쳤다. 이 당시 발표한 작품들은 1940~1950년대의 SF 황금시대 구축에 결정적인 영향을 끼쳤다. 그뿐만 아니라 이 시기에 그가 써낸 청소년용 SF는, 당시에 청소년들이었고 훗날 엔지니어 또는 과학자가 된 사람들에게 큰 영향을 미쳤음을 인정하여, 그의 사후에 NASA에서는 '나사 메달NASA Medal'을 수여하기도 하였다. 그가 『미래역사Future History』 시리즈를 집필하기 시작했던 시기인 1940년대부터 SF작가들 중 가장 완성도가 높은 작품을 쓰는 작가로 이름을 날렸으며, 인간 사회의 갖가지 정치, 종교, 사회, 문화적인 갈등요소들을 다루어, SF를 통속적 오락물에서 문화적 산물로 한 차원 끌어올린 공헌자로 평가된다. 'Mr. SF'라는 별명을 가지기도 한 그는, 아시모프, 클라크와 더불어 SF 계의 'Big Three' 중 한 명으로 간주된다. 그는 『더블 스타double star』(1956), 『스타십 트루퍼스Starship Troopers』(1960), 『스트레인저』(1962), 『달은 무자비한 밤의 여왕The Moon is a Harsh Mistress』(1967)의 네 편의 장편소설로 각각 휴고상을 받았고, 미국 SF작가들이 뽑은 최초의 'Grand Master'가 되는 영광을 누리기도 하였다.

대표작

- 『하늘의 터널Tunnel In The Sky』, 1955
- 『시간의 블랙홀Time for The Stars』, 1956
- 『여름으로 가는 문The Door into Summer』, 1957
- 『은하를 넘어서Have Space Suit-Will Travel』, 1958
- 『우주의 전사Starship Troopers』, 1959
- 『스트레인저Stranger in a Strange Land』, 1961

● 클라크Arthur C. Clarke, 1917~2008

아시모프, 하인라인과 함께 SF계의 3대 거장으로 꼽힌다. 1917년 영국 태생인 클라크는 런던 킹스 칼리지에서 수학과 물리학을 전공했으며, '영국 행성 간 학회BIS'에 참여하며 물리학과 수학에 대한 이해를 넓힌 뒤 과학적 개념을 반영한 소설을 발표하기 시작했다. 100권 이상의 공상과학 관련 소설과 논픽션 작품들을 써왔다. 1956년 스리랑카로 이주하여 1979~2002년까지 모라투와 대학교에서 총장으로 재직했다. 또 1998년에는 영국 엘리자베스 여왕에게서 기사 작위를 받았다.

그의 작품은 크게 2가지로 나눌 수 있다. 21세기 전후를 무대로 한 리얼리스틱한 작품, 즉 『우주의 섬들』, 『화성의 모래』, 『지광地光』(1955), 『해저목장海底牧場』(1957) 등과 먼 미래와 무한의 공간을 무대로 인류와 문명의 운명을 사색하는 작품, 즉 『유년기의 마지막』, 『도시와 별』, 『2001: 스페이스 오디세이』(1968) 등이다. 그러나 그의 작품에서의 공통점은 인류가 지닌 지성의 진화에 대한 확고한 신념이다.

대표작

- 『우주로의 전주곡Prelude to Space』, 1953
- 『도시와 별The City and the Stars』, 1956
- 『해저목장The Deep Range』, 1957
- 『스페이스 오디세이 시리즈Space Odyssey Series』, 1968~1987
- 『라마 시리즈Lama Series』, 1972~1993
- 『낙원의 샘The Fountains of Paradise』, 1979
- 『머나먼 지구의 노래The Songs of Distant Earth』, 1986

● 딕Philip K. Dick, 1928~1982

딕은 1928년 시카고에서 태어나 캘리포니아에서 일생을 보냈다. 푸줏간을 운영하던 아버지와 세금검열관인 어머니 사이에서 이란성 쌍둥이로 태어났다. 쌍둥이 제인은 어머니의 무관심으로 출생 41일 만에 사망했다. 불안한 유년 시절을 보낸 그는 성인이 된 후에도 안전강박증에 시달렸고 다섯 번의 결혼과 이혼을 반복하였다.

1930년 캘리포니아의 버클리로 이주한 후, U.C. 버클리에 입학할 때까지 이혼한 어머니와 생활하다가 독립했다. 청소년기에 아시모프,

캠벨John W. Campbell Jr, 하인라인, 그리고 반 포크트A.E. Van Vogt의 작품을 많이 읽고 직접 창작을 하기도 했다. 건강이 좋지 않아 광장공포증, 심박급속증 등에 시달렸으나, 같은 학교의 클리오 어포스톨리즈와 1950년 두 번째로 결혼하면서 회복되기 시작했다. 텔레비전 수리공으로, 음반 판매상으로 일하면서 1954년 첫 작품 『솔라 로터리』를 발표했으며, 1958년까지 약 80편의 단편을 썼다. 1958년 클리오와 이혼하고, 1959년 재혼한 앤 루빈스타인과의 사이에서 둘째 딸 로라 아처를 낳았다. 1960년대에는 심각한 신경쇠약에 시달렸다. 생활을 위해 하루 60페이지씩 글을 쓰느라 계속 복용하던 각성제 때문이었다. 1963년 『높은 성의 사나이』로 휴고상을 탔다.

1971년 캘리포니아 그의 집이 CIA로 추정되는 사람들에게 습격을 받자, 그 후 안전에 대한 편집증에 시달린다. 협박 전화가 계속되자 1973년 캐나다로 피신하고, '브리티시 컬럼비아 대학교'와 '밴쿠버 SF컨벤션'에서 유명한 '인조인간과 인류'라는 강의를 한다. 그는 그 사이에 수많은 여성들을 만났다가 헤어지는 것을 반복하는데 결국 1973년엔 테레사 버즈비와 다섯 번째 결혼을 한다. 1975년에는 『흘러라 내 눈물아, 경찰관이 말했다』로 존 캠벨기념상을 수상했다. 하지만 딕은 평생을 생활고에 시달렸고, 죽기 몇 년 전에야 제대로 평가받기 시작했다. 『안드로이드는 전기양의 꿈을 꾸는가?』가 『블레이드 러너』로 처음 영화화되었지만 완성을 보지 못하고 뇌졸중으로 쓰러졌고, 결국 1982년 심장마비로 세상을 떠났다.

그가 죽은 후에 원작소설들이 『블레이드 러너』, 『토탈리콜』, 『페이첵』, 『마이너리티 리포트』, 『임포스터』, 『컨트롤러』 등의 영화로 재탄생하면서, 할리우드가 가장 사랑하는 작가 중 하나로 손꼽히게 되었다.

대표작

- 『마이너리티 리포트The Minority Report』, 1956
- 『높은 성의 사나이The Man In The High Castle』, 1962
- 『죽은 자가 무슨 말을What the Dead Men Say』, 1964
- 『토탈리콜-도매가로 기억을 팝니다We Can Remember it for You Wholesale』, 1967
- 『안드로이드는 전기양의 꿈을 꾸는가?Do Androids Dream of Electric Sheep?』, 1968

● 깁슨William Ford Gibson, 1948~

깁슨은 미국계 캐나다인(이중국적) 소설가로 과학소설의 장르인 사이버펑크의 '느와르 프로펫noir prophet, 검은 예언자'이라고 불린다. 1982년 그의 데뷔작인 『뉴로맨서』에서 '사이버 스페이스cyber space'와 '매트릭스matrix'라는 용어와 개념이 유명해졌다. 그는 아직 잘 알려지지 않은 1990년대 이전에, 현재 전 세계적으로 퍼져 있는 네트워크 공간을 잘 묘사했으며 뉴로맨서에서 쓰인 많은 용어들이 1990년대에 들어 인터넷 등에서 널리 쓰이게 되었다. 2012년 9월 19일 안철수 전 서울대 융합기술원장이 대선 출마를 공식 선언한 기자회견문에 "미래는 이미 와 있다. 단지 널리 퍼져 있지 않을 뿐이다The future is here. But it is just not widely distributed yet"라는 인용구로 한국에서 유명해지게 되었다.

『뉴로맨서』(1984)는 SF장르뿐만 아니라, 당대의 상상력 전반에서 볼 때, 기념비적인 작품이다. 깁슨은 놀랄 만한 선견지명으로 인터넷과 다른 가상 테크놀로지가 일상에 침투하기 훨씬 전에 '사이버 공간(컴퓨터 데이터의 3차원적 표현을 통해 이용자들이 의사소통과 비즈니스는 물론 온갖 수상한 활동을 모두 할 수 있는 곳)'이라는 개념을 창조해냈다. 바로 이 소설이 기술애호가 세대에 영감을 불어넣은 작품이다.

케이스라는 이름의 '컴퓨터 카우보이'가 있다. 그는 자신이 속인 고객에 의해 신경 체계가 손상될 때까지 가상의 세계를 털어온 데이터 도둑이다. 사이버 공간에 접속할 수 없게 된 그는 일본 치바의 치외법권 지역에서 근근이 생계를 이어가고 있다. 그러나 수수께끼의 아미티지가 접근해 그에게 옛 힘을 되찾게 해주겠다고 제안한다. 깁슨은 호화로운 디테일과 풍부한 전문용어는 물론 속어까지 써가며 새로운 세계를 창조해낸다. 그것은 테크노 사기꾼들과 골수 마약중독자들, 괴짜 신문화 집단, 무장한 암살자들, 그리고 사악한 거대기업들의 세계를 그린 것으로 점점 우리들이 살아가는 이 세상과 닮았다.

『뉴로맨서』는 독창성과 지적 열정을 갖춘 최고의 스릴러물 중 하나로, 시대를 뛰어넘는 매력이 있는 작품이다. 그러나 그중 가장 강렬하면서도 불편한 특징이라면 가상의 세계와 유기적 세계, 인간과 사이보그, 프로그램과 현실 사이에 확실한 도덕적 구분을 짓지 않는다는 점일 것이다. 1995년엔 소설에 나타난 사이버스 페이스에 대한 깁슨의 생각을 바탕으로 한 영화 〈메모리 배달부 조니Johnny Mnemonic, 코드명 J〉가 만들어지기도 했다.

대표작

- 『메모리 배달부 조니Jonny Mnemonic』, 1981
- 『뉴로맨서Neuromancer』, 1984
- 『아이도루Idoru』, 1996
- 『미래의 파티Tomorrow's Parties』, 2000

SF문학의 영화화

초창기에 SF는 말 그대로 소설의 형태에 국한되는 경우가 많았지만,

매체의 변화를 거치며 현재는 과거와는 전혀 다른 양상을 보이고 있다. SF가 단순히 출판된 종이책으로서의 문학을 가리키는 것을 뛰어넘은 것은 이미 오래전이고, 현재는 'SF장르'라는 말이 자연스럽게 통용되고 있을 정도이다.

SF영화가 등장한 이후 SF장르는 대중들과 본격적으로 소통하기 시작하였고 최근에는 그 영역을 점차 넓히고 있다. 소재에 있어서도 이는 마찬가지다. 과거 외계인과의 만남, 우주여행, 인간 복제, 초능력, UFO 등에 한정되어 있었던 SF장르는 20세기 후반 들어 본격적으로 새로운 소재와 주제를 다루기 시작하였다. 예를 들어 로봇, 신종 질병, 시간 여행 등이 바로 새롭게 접근하기 시작한 부분이다. SF가 하나의 하위 장르로 굳건히 자리매김하고 많은 대중의 사랑을 받을 수 있었던 이유 또한 바로 여기에 있다. 지금 이 순간에도 SF장르는 끊임없이 새로운 소재를 발굴하고 거기에 과학적 상상력을 덧입혀 진화에 진화를 거듭하고 있다.

요즘은 '과학'이라면 전혀 모른다고 손사래를 치던 대중들도 각종 애니메이션과 영화 혹은 광고 등을 통해 SF를 친숙한 것으로 받아들이고 있다. 이제 SF는 우리의 일상에 자연스럽게 파고들었고 대중들이 가장 사랑하는 장르로 자리 잡게 되었다.

- 영화 〈2001: 스페이스 오디세이2001: A Space Odyssey〉

감독	스탠리 큐브릭Stanley Kubrick, 1928~1999
원작	아서 클라크의 『2001 스페이스 오디세이』
제작연도	1968년
출연	케어 둘리, 게리 록우드, 윌리엄 실베스터, 다니엘 리처 외

이 영화는 SF소설가 클라크의 소설과 동시에 제작 발표되었다. 〈2001: 스페이스 오디세이〉에는 달, 목성, 토성 등의 모습이 그려지고 우주선이 지나가는 우주 공간과 우주선 내부의 상세한 시설이 보인다. 나사(NASA, 미국항공우주국) 연구원을 비롯하여 많은 과학자들이 제작에 참여한 이 영화는 원형의 세트를 지어 우주선 내부를 표현하였다. 컴퓨터 그래픽 기술이 없던 시절 세트와 시각효과만으로 이렇게 실감나게, 그리고 촌스럽지 않게 우주를 묘사한 영화는 없었다.

인류에게 문명의 지혜를 가르쳐 준 검은 돌기둥 모놀리스monolith의 정체를 밝히기 위해서 '디스커버리 1호'는 목성을 향해서 날아간다. 선장 보우만과 승무원 풀이 요한 스트라우스의 '도나우 강의 푸른 물결'이 흐르는 가운데 편안한 비행을 계속하고 있다. 평온하던 '디스커버리 1호'에 갑자기 재난이 찾아온다. 컴퓨터 할(HAL 9000)이 반란을 일으킨 것이다. 우주선의 중앙통제 컴퓨터인 할은 일반적인 로봇의 모습이 아니고 카메라처럼 붉은 빛을 껌벅이며 승무원들의 명령을 듣고 따를 뿐이다. 그러나 승무원들이 개인적으로 내린 비밀 명령이 서로 충돌을 일으켜 할은 혼란에 휩싸이게 된다. 할은 단순히 그 명령들을 처리하거나 거부하는 대신 반란을 일으키기로 결심한다. 이 강하고 똑똑한 로봇은 자신의 시스템 자체를 혼란스럽게 만든 장본인인 승무원들을 하나씩 죽이기 시작한다. 할은 풀을 우주선 밖으로 던져버리고, 보우만까지도 모선 밖으로 끌어내지만 그는 필사의 노력으

로 할을 제압한다. 보우만은 마침내 목성 궤도에서 문제의 검은 돌기둥을 발견한다. 그렇지만 그 순간 우주의 급류에 휘말려 토성으로 밀려가게 된다. 이때부터 보우만은 지구로 귀환하기 위해 노력하면서 신비한 시간의 흐름을 경험하다 지구에 돌아온 보우만은 임종을 맞고 있는 자신의 모습을 보게 된다. 숨을 거두는 보우만이 마지막으로 가리키는 곳에 검은 돌기둥이 보이고 이제 막 태어나기를 기다리는 태아의 모습이 보인다. 그 태아는 새로 태어나는 보우만 자기 자신이다.

2014년 개봉되어 많은 관객을 동원하여 흥행에 성공한 〈인터스텔라Interstellar〉뿐만 아니라 많은 우주여행을 다룬 영화들이 이 영화에서 모티프를 가져갔을 정도로, 이 영화는 우주를 다룬 SF영화의 초석이라고 할 수 있다.

- 영화 〈아이, 로봇I, Robot〉

감독	알렉스 프로야스Alex Proyas ,1968~
원작	아이작 아시모프의 『나는 로봇I, Robot』
제작연도	2004년
출연	윌 스미스, 브릿지 모이나한, 브루스 그린우드, 제임스 크롬웰 외

시대 배경은 2035년으로 인간은 지능을 갖춘 로봇에게 생활의 모든 편의를 제공받으며 편리하게 살아가고 있다. 인간의 안전을 최우선으로 하는 '로봇공학의 3원칙'이 내장된 로봇은 인간을 위해 요리하고, 아이들을 돌보며 인간에게 없어서는 안 되는 신뢰 받는 동반자가 되었다.

NS-4에 이어 더 높은 지능과 많은 기능을 가진 로봇 NS-5의 출시를 하루 앞둔 어느 날, NS-5의 창시자인 알프레드 래닝 박사가 미스터리한 죽음을 맞이하게 된다. 래닝 박사가 근무했던 회사에서는 그의 죽음을 자살로 몰고 가지만, 시카고의 경찰 델 스프너는 자살이 아니라는데 확신을 갖고 사건 조사에 착수한다. 스프너 형사는 자신의 눈앞에서 소녀가 죽는 끔찍한 사고를 당한 이후로 로봇에 대한 적대감을 갖고 있었는데, 이 사건 역시 로봇과 관련이 있다고 믿고 숨겨진 음모를 파헤치려고 한다.

다른 로봇 영화와는 달리, 〈아이, 로봇〉에서 일어나는 로봇의 반란은 권력에의 욕망이나 주도권 싸움에서 비롯된 것이 아니다. 로봇들은 3원칙의 헌법과도 같은 제0원칙의 수행을 위해 혁명도 불사할 수밖에 없었던 것이다. 영화의 클라이맥스에서 써니는 비키에게 약물을 투입하라는 중대한 명령을 받게 된다. 대장 로봇 비키의 능력을 상실케 하는 것만이 무질서를 해소할 수 있기 때문이다. 그때 캘빈 박사가 로봇의 공격을 받게 된다. 스프너는 재빨리 써니에게 캘빈을 구하라는 명령을 내린다. 다른 로봇이었다면 아마 비키에게 약을 투입하는 일을 먼저 했을 것이다. 그것이 선행된 명령이기 때문이다. 하지만 써니는 비키에게 약물을 투입하는 대신 캘빈을 구한다. 이것은 써니가 생각하는 로봇이기 때문에 가능한 일이었다. 스프너 형사는 그 포상으로 써니에게 자유를 부여하고, 써니의 자유는 다른 로봇들에게까지 영향을 미친다.

이 영화는 우리가 한번쯤 상상할 수 있는 로봇에 의해 완전 자동화된 미래의 모습을 보여준다. 하지만 인간과 로봇의 상호 신뢰 관계가 무너진다면 어떻게 될 것인지를 독창적인 영상으로 제시하고 있다.

• 영화 〈토탈리콜Total Recall〉

감독	폴 버호벤Paul Verhoeven, 1938~
원작	필립 K. 딕의 『도매가로 기억을 팝니다』
제작연도	1990년
출연	아놀드 슈왈제네거, 레이첼 티코틴, 샤론 스톤, 마이클 아이언사이드 외

〈토탈리콜〉은 딕의 소설 『도매가로 기억을 팝니다』를 영화로 만든 것이다. 〈토탈리콜〉은 1990년 아놀드 슈왈제네거 주연으로 영화화되었고, 2012년 다시 리메이크된 작품이다. 주인공 '더글라스 퀘이드'는 가난한 사람들이 모여 사는 콜로니에 살고 있다. 그는 매일 아침 의미를 알 수 없는 악몽에서 깨어나며 괴로워한다. 그러던 어느 날, 완벽한 기억을 심어서 고객이 원하는 환상을 현실로 바꿔준다는 '리콜사'를 방문해 자신의 꿈을 체험해 보기로 한다. 하지만 기억을 심는 과정에서 의문의 사고가 일어나고 그는 전 세계의 운명이 걸린 거대한 음모에 휘말리게 된다.

퀘이드는 졸지에 스파이로 몰려서 거대한 세력을 상대로 숨 막히는 추격전이 시작되고, 심지어 사랑하는 아내 '로리'마저 자신을 죽이려 한다. 현실과 심어진 기억의 경계에서 퀘이드는 점점 더 혼란스러

워하는데 자신이 사실 화성의 독재자 코하겐의 특수 요원이었음을 알게 된다. 코하겐 일당은 반란을 일으킨 자신을 붙잡아 기억을 조작하였고, 지구에서 살게 하며 그동안 감시를 해 왔던 것이다. 퀘이드는 이 모든 문제의 근원지인 화성으로 향한다. 코하겐 일당의 추격을 피해 가며 위장을 한 뒤 무사히 화성에 도착한 퀘이드는 그곳에서 꿈속의 여인을 실제로 만난다. 알고 보니 그녀는 실제 퀘이드의 아내였던 것이다. 퀘이드는 아내와 함께 화성의 독재 체제의 비리를 밝히고 잘못된 권력을 바로잡고자 적진으로 침투를 한다. 그리고 주인공은 꿈속의 여인 멜리나와 함께 콜로니를 해방시킨다.

영화는 마지막까지 관객에게 이것이 현실인지 꿈속인지를 알 수 없게 만든다. 하지만 영화를 자세히 들여다보면 이것의 주인공의 꿈속에서 일어나는 환상이라는 단서를 여러 군데서 찾을 수 있다.

- 영화 〈코드명 J Johnny Mnemonic〉

감독	로버트 롱고Robert Longo, 1953~
원작	윌리엄 깁슨의 『메모리 배달부 조니』
제작연도	1995년
출연	키아누 리브스, 돌프 룬드그렌, 기타노 다케시, 아이스 티, 디나 메이어 외

〈코드명 J〉는 『뉴로맨서』, 『아이도루』 등 흥미로운 작품으로 사이버 세계의 가능성을 보여준 작가 깁슨의 소설 『메모리 배달부 조니』를 바탕으로 한 영화이다. 비록 깁슨 자신이 이 영화를 만든 것은 아니지만, 『뉴로맨서』 등에서 펼쳐진 흥미로운 상상력은 영화에서도 유감없이 발휘되고 있다.

이 영화 속에서 가장 흥미로운 것은 네트워크가 발달한 미래세계에서 네트워크가 아닌 인편으로 데이터를 전달한다는 것이다. 네트워크가 발달한 사회에서는 이메일이나 자료실 등 여러 가지 방법으로 데이터를 전달할 수 있을 것 같지만, 그 네트워크는 다양한 방법으로 검열이나 감시를 진행할 수 있다. 실제로 미국에서는 애셜론이라는 시스템을 이용해서 전 세계 네트워크와 휴대전화 통신을 감시하고 있다고 하며, 중국에서는 티베트 문제 등 자국에 좋지 않은 검색어를 자동으로 차단하고 있다. 특히 요즘 스마트폰을 쓰는 사람들이라면 누구나 구글에서 스마트폰 사용자의 위치정보와 같은 다양한 정보를 확보하고 있다는 것을 알 것이다.

〈코드명 J〉처럼 네트워크가 발달한 사회에서는 그보다 더욱 효율적인 방법으로 검열을 하거나 차단할 수 있다. 물론, 이를 추적해서 정보를 보낸 사람을 찾아내는 것도 어려운 일이 아닐 것이다. 그렇기 때문에 그 누구에게도 보일 수 없는 비밀 정보는 네트워크가 아니라 인편으로 데이터를 전달하는 것이 자연스럽다. 과거에는 플로피 디스크나 CD를 이용했다면, 현재는 SD 메모리나 마이크로 칩 등을 이용하여 전달한다. 하지만, 이런 장비 역시 세관 등에서 걸릴지 모른다. 그래서 조니처럼 자신의 뇌를 기억 장치로 이용해서 데이터를 전달하는 사람이 있는 것이다. 조니는 우여곡절 끝에 머릿속에 있는 신약에 데이터를 지키고, 수년간 은폐되었던 치료법이 전 세계에 알려진다. 영화는 소설의 내용을 많이 반영하고 있지만 성공적이지는 않았다. 컴퓨터 그래픽을 활용한 사이버스페이스의 구현은 이후의 〈매트릭스〉와 같은 영화에 많은 영향을 주었다.

2) 만화와 영화, 그리고 드라마

만화의 시작

만화는 어떤 대상이든지 간에 그 사물의 형태나 사건의 성격을 과장된 표현 또는 생략된 표현으로 웃음의 소재나 풍자의 대상으로 삼은 회화繪畵이다. 처음에는 기록과 소통의 수단에서 대중성을 확보하며, 풍자와 비판의 수단이 되었다. 최초의 만화는 종교나 시사 문제가 적혀 있는 익명의 전단지 형태였다.

인쇄술의 발전으로 과장되고 왜곡된 표현의 캐리커처가 일반화되어, 풍자와 유머의 중심이 되었다. 또한 이러한 인쇄술과 복사기술의 발달로 인해 만화는 생산단가가 저렴한 문화상품으로 소비시장을 차별화시키며, 종합예술로서 상품성을 평가받게 된다. 만화는 다양한 콘텐츠의 원천인 스토리텔링의 자산 가치를 인정받고, 스마트 환경에서도 풍부한 만화 작가군의 네트워크를 활용, 웹툰의 차별적인 시장을 형성해 낸다.

우리나라에서는 1909년 《대한민보大韓民報》에 실린 시사만화를 '삽화挿畵'라고 불렀으며, 1920년에 창간된 《조선일보》에서는 '철필사진鐵筆寫眞', 《동아일보》에서는 '그림이야기'라 표기하다가 1923년 이후부터는 만화로 통일되었다.

시사만화의 개념과 기능

시사만화는 정치, 경제, 사회 등의 시사적 주제를 다루는 만화이다. 대상인물의 특징을 과장해서 그린 인물화인 캐리커처caricature와 사회 현실을 풍자하는 한 칸 만화인 카툰cartoon, 네 컷 이상의 코믹 스트립comic strip으로 분류할 수 있다.

캐리커처의 어원은 이탈리아어 '카리카레caricare'로 '과장하다'라는 뜻이다. 캐리커처는 영국 화가 호가스William Hogarth, 프랑스 근대 풍자 만화가인 도미에Honoré Daumier 등에 의해서 시작되었다. 근대 시사만화의 기원이라 할 수 있는 도미에의 인물화는 비리와 뇌물 등으로 얼룩진 법조계 사람들을 비판하고 정부와 중산층의 허구성을 풍자했다. 이런 전통에 따라 유럽의 몇몇 지역에서는 여전히 캐리커처라는 말이 시사만화를 의미하는 말로 쓰이고 있다.

카툰은 일반적인 한 칸 만화를 지칭한다. 국내에서는 시사만평 형식으로 정착되었다가 1980년대 중후반부터 박재동, 김상택 등 몇몇 뛰어난 작가들의 실험적인 창작에 힘입어 오늘날 대중에게 가장 사랑받는 시사만화 형태로 자리 잡았다. 최초의 신문 시사만화로 기록된 이도형 화백의 '삽화'도 한 칸 만화였다. 한 칸 만화는 단순히 뉴스를 전달하는 역할이 아닌 사회 현상에 대한 비판과 풍자를 다룬다.

시사만화

네 칸 만화는 형식상으로는 코믹 스트립으로 볼 수 있으나, 국내에서는 정치 풍자 성격이 매우 강해 시사만화의 영역을 구축했다. 한국만화 100주년 시사만화위원회(2009)에 따르면 통상 네 칸 만화에는 캐릭터가 주인공으로 존재하는데, 그 캐릭터는 독자들이 감정적으로 이입하기 쉬운 서민인 경우가 많았다. 국내 정치가 서민들에게 웃음을 주지 못하고 있는 현실에서 네 칸 만화를 연재한 시사 만화가들은 특유의 해학과 풍자 정신으로 서민들을 대변했다.

만화의 콜라보레이션

콜라보레이션collaboration은 '협업'이란 뜻으로 공동 출연, 경연, 합작, 공동 작업을 가리킨다. 최근 마케팅의 콜라보레이션 추세를 보면 서로 이질적인 두 개 이상의 브랜드가 만나 함께 이익을 취하는 것에 그치지 않고 제품개발, 생산, 마케팅, 배급에 이르는 전 단계에서 종합적으로 협력하는 과정을 말한다.

가장 전형적인 콜라보레이션은 브랜드와 예술작품, 또는 브랜드와 디자이너가 협업하는 아트 콜라보레이션이지만, 최근에는 다른 분야의 브랜드와 브랜드가 만나 시너지를 얻는 마케팅으로 확산되고 있는 추세이다. 이러한 시도들은 기존 브랜드 이미지를 탈피해 새롭고 신선한 이미지를 소비자들에게 인식시켜 줄 수 있기 때문에 기업들이 선호하는 마케팅 방식의 하나로 인정받고 있다.

국내 성인용 교양만화

학산출판사는 고령층 독자를 위한 '와이드판' 전집을 기획했다. 기존 만화판과 달리 판형을 신국판으로 바꿔 본문 활자를 키우고 지질을 고급화하여 교양만화 시리즈를 선보였다. 이는 '만화는 아이들이나 보는 것'이라며 물리쳤던 중년 남성층이 대거 독자로 나선 데 따른 것이다.

허영만의 『식객』은 국내의 대표적인 성인 타깃의 교양만화라고 할 수 있으며 우리나라 음식들을 집중적으로 다루고 있다. 한국 사람들의 음식이 한국 사람들의 정서를 통해 그려지고 있기에 먹을거리와 연결된 우리의 삶이 더욱 감동적이다. 허영만 작가가 발품을 팔아 얻은 지식으로 창작된 『식객』은 각지 명물 음식점이 가진 노하우와 토종 식재료의 진정한 맛을 찾아 파헤쳐가는 재미로 독자들을 중독시킨다.

원작만화의 산업화

원작만화의 인기와 검증된 탄탄한 스토리가 드라마의 시청률과 완성도를 높일 수 있음이 확인되면서 원작만화를 활용한 드라마 제작이 궤도에 오르게 되었다. 그러나 인기만화의 유명세에만 기대는 것이 아니라 완성도 높고 경쟁력 있는 드라마로 만들어지지 않으면 성공하기 어렵다는 의견이 지배적이다.

원작만화는 대부분 장편으로 영화의 내러티브에는 맞지 않아 만화의 설정과 주요 스토리, 중심인물을 각색해 재구성하는 식으로 시나리오를 전개했다. 이 과정에서 시나리오의 완성도가 떨어지는 영화는 원작만화의 인기가 높은 것과 상관없이 흥행에 실패하기도 한다. 즉 원작만화 자체의 완성도와 인기도 중요하지만, 그것을 활용하는 영화 자체의 완성도 또한 성패 여부를 정하는 중요한 요소임을 알 수 있다.

최근 원작만화의 드라마·영화화는 주로 원작 웹툰 위주로 이루어지고 있다. 포털사이트에 연재되는 웹툰은 독자들의 접근성이 좋으며, 콘텐츠로서 인기가 검증된 것으로, 흥행 여부를 미리 예상할 수 있다는 장점이 있다. 웹툰 실사화가 급증하고 있는 이유는 우선 시각화가 완벽하게 이뤄졌다는 점을 들 수 있다. 소설을 실사 영화로 제작한다고 가정했을 때, 각색을 거치는 과정에서 기존 소설 팬들의 반감을 사는 경우가 흔히 있다. 글에서 받은 느낌을 시각적으로 표현하기가 만만치 않지만 웹툰의 경우 이미지가 분명해 영화로 각색할 때 드는 품이 적다.

게임 분야의 원작만화의 활용은 초기에는 주로 PC게임이 중심을 이루었으나 만화가 신일숙의 『리니지』(1993)를 원작으로 제작된 온라인게임 〈리니지〉가 크게 성공하면서 원작만화를 활용한 온라인게임의 제작이 활성화되었다. 모바일게임 분야에서도 원작만화를 활발하게 활용하고 있으며, 기존의 원작만화를 활용해 제작된 온라인게임들도 꾸준한 인기를 유지하고 있다.

만화의 영화화·드라마화

다양한 장르의 만화원작이 드라마와 영화로 만들어지기 시작했다. 방학기의 『다모』, 원수연의 『풀 하우스』, 박인권의 『쩐의 전쟁』, 허영만의 『식객』 등의 원작만화, 강풀의 〈26년〉, 이종범의 〈닥터 프로스트〉, 윤태호의 〈미생〉 등과 같은 웹툰 등도 다수의 드라마 또는 영화로 만들어졌다. 또한 카미오 요코의 『꽃보다 남자』, 니노미야 도모코의 『노다메 칸타빌레』, 카이타니 시노부의 『라이어 게임』 등과 같은 일본 만화를 원작으로 한 드라마도 제작되어 많은 인기를 끌고 있다.

만화의 영상화 작업은 1924년 《조선일보》에서 연재된 4컷 만화 「멍텅구리 헛물켜기」가 영화 〈멍텅구리〉(1926)로 제작되면서 시작되었다고 할 수 있다. 이러한 영상화 작업은 김성환의 만화 「고바우 영감」이 영화 〈고바우〉(1958)로, 정운경의 만화 「왈순 아지매」가 영화 〈왈순 아지매〉(1963)로, 이현세의 만화 「공포의 외인구단」이 영화 〈이장호의 외

「멍텅구리 헛물켜기」(왼쪽), 「고바우 영감」(가운데), 「왈순 아지매」(오른쪽)

인구단〉(1986)로 이어졌다.

또한 다수의 원작만화들이 드라마로도 제작되었는데, 1967년에 정경운의 만화 「왈순 아지매」가 처음 드라마로 방영되었다. 「왈순 아지매」는 1963년 영화로 처음 제작되었다가 나중에 그 인기에 힘입어 드라마로 방영된 예이다. 이어서 허영만의 만화가 드라마 〈퇴역전선〉(1987), 〈Mr. Q〉(1998), 〈식객〉(2008), 〈타짜〉(2008, 2014)로, 박소희의 만화가 드라마 〈궁〉(2006)으로, 박인권의 만화가 드라마 〈대물〉(2010), 〈야왕〉(2012) 등으로 줄지어 드라마로 제작되면서 많은 인기를 끌게 되었다.

다수의 원작만화가 드라마 또는 영화로 제작되는 것은 우선 만화가 더 이상 아이들의 전유물이 아닌 모든 연령과 계층이 즐길 수 있는 대중문화로 자리매김하게 되었고, 원작만화에서는 느낄 수 있는 생동감, 즉 화려한 색채, 음향 효과, 눈에 보이는 움직임 등을 구현하면서 원작만화를 즐겼던 마니아층에게 색다른 재미를 가져다주기 때문이다.

다매체 시대, 미디어믹스의 활성화

TV 채널이 늘면서 드라마의 소재나 표현 방식이 다양해지는 것도 만화의 드라마화를 가속화하는 원인이다.
대세는 웹툰이다. 방영 중이거나 예정인 〈하이드 지킬, 나〉, 〈밤을 걷는 선비〉, 〈치즈 인 더 트랩〉도 웹툰 원작을 기반으로 한 드라마이다. '연애세포'를 제작한 싸이더스HQ 방재선 PD는 "모바일 환경이 본격화되면서 드라마가 TV를 고집할 필요가 없어졌다"며 "발랄한 상상력과 인터넷 파급력 등 웹툰의 장점을 드라마로 옮기려는 작업이 계속되고 있다"고 말했다.

자료: 조선일보, 2014. 11. 24.

• 드라마 〈Mr. Q〉

편성	SBS
원작	허영만의 『Mr. Q』
방영 일시	1998년 5월 20일~7월 16일
연출	장기홍
극본	이희명
출연	김민종, 김희선, 송윤아, 권해효, 명계남, 박광정, 이낙훈, 차광수, 최정윤, 조혜련 등

〈Mr. Q〉는 '라라' 패션회사를 배경으로 경쟁에서 패배한 낙오자로 여겨졌던 인물들이 자신의 숨겨져 있던 능력들을 발휘하고, 재기하는

성공스토리를 그려낸 드라마이다. 만화에서 드라마로 방영된 〈미스터 Q〉가 세운 최고 시청률 45.3%(평균 35.5%)에 달했고, 당시 원작만화를 드라마화한 작품 사상 최고기록으로 남아 있다.

• 드라마 〈다모〉

편성	MBC
원작	방학기의 『다모』
방영 일시	2003년 7월 28일~9월 9일
연출	이재규
극본	정형수
출연	하지원, 이서진, 김민준, 이한위, 권오중, 윤문식, 신승환, 박영규 등

드라마 〈다모茶母〉는 조선시대를 배경으로 하여 300여 년 전 '다모'로 일했던 여자 채옥의 이야기이다. 여기서 '다모'는 여자 형사쯤 되는 직업여성으로 '식모食母', '침모針母'와 더불어 관가나 사대부 집의 허드렛일을 도맡아 하던 천민신분이다. 그 '다모'라는 여성들은 규방 사건의 수사, 염탐과 탐문을 통한 정보 수집, 여성 피의자 수색 등 잡다한 수사권한을 가졌음은 물론 톡톡히 제 몫을 해냈다고 하며, 나아가 궁궐에서 일했던 한 '다모'는 역모 사건의 해결에 일조를 하기도 했다고 한다.

이 드라마는 두 남녀 주인공의 대사 "아프냐", "나도 아프다"란 명대사로 유명하며 무협 활극으로 새로운 재미를 주었다. HD TV용으로 사전 제작된 블록 버스터급 드라마인 만큼 다른 드라마에 비해 몇 곱절의 시간과 제작비가 투입되었다고 한다.

• 드라마 〈궁〉

편성 MBC
원작 김소희의 『궁』
방영 일시 2006년 1월 11일~3월 30일
연출 황인뢰
극본 인은아
출연 윤은혜, 주지훈, 김정훈, 송지효, 윤유선, 김혜자, 심혜진, 이윤지, 박창환 등

드라마 〈궁〉은 대한민국이 입헌군주제라는 배경으로 평범한 신분의 여고생 채경이, 할아버지끼리의 약속 때문에 왕위 계승자인 세자 이신과 정략결혼을 하면서 벌어지는 이야기이다. 대한민국이 1945년에 입헌군주국 체제를 채택하여 현재 황제가 존재한다는 가정하에 시작하는 일종의 대체 역사드라마로 여러 인기배우들의 출연으로 선풍적인 인기를 끌었던 작품이다.

• 드라마 〈식객〉

편성 SBS
원작 허영만의 『식객』
방영 일시 2008년 6월 17일~9월 9일
연출 최종수
극본 최완규, 박후정
출연 김래원, 남상미, 김소연, 권오중, 원기준, 최불암 등

드라마 〈식객〉은 동양 최대의 한국 음식 전문점인 운암정의 대령숙수 자리를 놓고 세 남자의 요리 대결을 그렸다.

허영만의 국민 요리만화 『식객食客』은 먼저 전윤수 감독이 2007년에

영화로 제작하였고, 이어 드라마로 제작, 방영되었다. 『식객』은 4년여의 구상과 2년의 치밀한 취재 끝에 팔도강산의 아름다운 자연을 무대로 펼쳐지는 각 지방 최고의 음식이야기를 다룬 본격 한국형 요리만화로 단행본만으로 100만 권 이상이 팔린 작품이다.

3) 웹툰과 영화, 그리고 드라마

웹툰의 시작과 발전

'웹툰'이란 웹web+카툰cartoon의 약자로 '웹에 게재할 목적으로 웹의 속성에 맞게 창작된 만화'를 뜻한다. '웹툰'이란 용어가 처음 국내 언론에 등장한 사례는 2000년 8월 16일자 《한겨레신문》으로 당시 '천리안'이 운영하던 포털사이트에 새롭게 인터넷 만화를 오픈하는데 그 서비스 명칭이 '웹툰'이었던 것에서 출발한다. 1990년대 말 온라인 인터넷망이 점차 확대되면서 시작된 웹툰은 2000년 초·중반 대형 포털 사이트 등에서 만화를 연재물 형식으로 게재하기 시작하면서 대중화되었다.

현재 웹툰은 영화, 드라마, 연극 등의 원작으로 활발하게 활용되어 OSMUOne Source Multi Use의 주축으로 성장했다. 웹툰은 기존 출판 만화의 이용자인 10대 중반~20대 초반의 협소한 시장에 비해 매우 광범위한 편이다. 포털사이트의 웹툰 담당자들에 따르면, 웹툰의 독자층에는 과거 청소년기에 출판 만화의 전성기를 경험한 현재의 20, 30대 성인들이 독자로 유입되었을 가능성이 매우 크다고 추측한다.

웹툰의 영화화·드라마화

• 영화 〈26년〉

감독	조근현
원작	강풀의 〈26년〉
제작연도	2012년
극본	정형수
출연	곽진배, 한혜진, 임슬옹, 배수빈, 이경영, 장광, 이미도, 조덕재 등

영화 〈26년〉은 보안 업체 대기업 회장 김삼세와 그의 비서 김주안이 광주 수호파 중간보스 곽진배, 국가대표 사격선수 심미진, 서대문 소속 경찰 권정혁, 5·18 민주화운동 희생자 2세라는 공통분모를 가진 세 사람을 한 자리에 모아 '그 사람'을 단죄하기 위한 복수극을 펼치는 내용이다. 이 영화는 강풀의 다음 웹툰으로 5·18 민주화운동을 배경으로 연재되었으며, 영화 상영 이후 책으로 출판되어 많은 수익을 올리기도 하였다.

• 영화 〈은밀하게 위대하게〉

감독	장철수
원작	Hun의 〈은밀하게 위대하게〉
제작연도	2013년
극본	김방현, 윤홍기 등
출연	김수현, 박기웅, 이현우, 손현주, 박혜숙, 김성균, 고창석, 장광 등

영화 〈은밀하게 위대하게〉는 북한 최고 특수부대의 원류환이 첩보 임무를 받고 남한에 오게 되고 동네 바보 형으로 2년째 살게 되는 이

야기이다. 그때, 북한에서 리해랑이 찾아오고 뒤이어 감시자인 리해진이 찾아오게 된다. 이때 북한에서 남한과 원만한 관계를 위해 그들을 없애려고 하는데, 그들을 교육시킨 김태원 대좌는 그들의 명예를 위해 자살명령을 내리게 된다. 그러나 이들은 북한의 명령을 따르지 않고, 결국 김태원이 남한으로 내려오게 되면서 이들의 운명은 비극으로 끝나게 된다.

Hun의 다음 웹툰을 영화화해 '김수현'이라는 인기 배우를 캐스팅하여 698만 명의 관객 동원이라는 큰 성과를 가져왔다. 그러나 이러한 흥행과는 달리 영화로써는 인정을 받지 못했다.

〈은밀하게 위대하게〉는 영화 장르로의 변환에 실패하며 '웹툰 실사판'이라는 비판이 가해졌다. 또한 웹툰 특유의 과장된 어법을 영화로 풀어내는 데 실패했다는 의견도 있다.

- 드라마 〈미생〉

편성	tvn
원작	윤태호의 『미생』
방영 일시	2014년 10월 17일 ~ 12월 20일
연출	김원석
극본	정윤정
출연	임시완, 이상민, 강소라, 강하늘, 김대명 등

드라마 〈미생〉은 바둑이 인생의 전부였던 주인공 장그래가 프로입단에 실패한 후, 냉혹한 현실에 던져지면서 벌어지는 이야기를 그린 드라마이다.

다음 웹툰인 〈미생〉은 드라마로 제작되기 이전인 2013년에 손태겸,

김태희 감독이 〈미생 프리퀄〉(2013)이라는 제목으로 영화로 먼저 제작되었고, 2014년에 드라마로 제작되면서 많은 인기를 얻었다.

**웹툰경제학:
영화로 만나는 웹툰의 매력**

웹툰의 짧은 역사를 고려하면 웹툰을 원작으로 한 영화의 수는 많은 편이다. 줄잡아 10편 정도가 영화화됐거나 제작 중이다. 대표적인 작가는 충무로에서 이미 손꼽히는 이야기꾼이 된 강풀이다. 그의 작품을 원작으로 한 영화는 〈아파트〉, 〈바보〉, 〈순정만화〉, 〈그대를 사랑합니다〉, 〈이웃사람〉 등이 있다. 〈26년〉까지 합하면 그의 이야기가 영화화된 경우는 한손으로 꼽기 어려워진다. 윤태호 작가 원작의 동명 영화 〈이끼〉 역시 웹툰을 기반으로 제작됐다. 340만 명을 동원하며 한국형 스릴러라는 찬사를 받은 작품이다. 장철수 감독의 영화 〈은밀하게 위대하게〉는 웹툰 작가 Hun의 작품을 영화화했다.

웹툰 기반의 영화가 늘어나면서 웹툰이 콘텐츠산업의 화수분으로 재조명되고 있다. 앞으로 웹툰이 콘텐츠산업의 원천소스가 될 것으로 판단하는 시각이 많다. 소비층이 접하기 쉬우면서 소비층의 즉각적인 반응을 이끌어낼 수 있고, 글보다 전달력이 뛰어나면서, 1인 제작이 가능하다는 점 때문이다. '리얼라이즈 픽쳐스'의 대표 역시 그 점을 웹툰의 강점으로 꼽는다. "웹툰이 생기면서 많은 아마추어들이 콘텐츠를 쏟아내기 시작했다. 일단 원작의 양이 많아졌다. 웹툰 작가의 시각도 색다르고 말도 되지 않는 이야기들이 인기를 얻는다. 이전까지 한국영화의 시나리오는 문학이나 소설을 근간으로 리얼리즘 베이스로 제작됐는데, 고급문화는 저급문화를 바탕으로 태어나듯 웹툰의 다양성은 좋은 시나리오의 바탕이 될 것이다."

물론 웹툰의 한계도 있다. 문화 소비자에게 '콘텐츠는 공짜'라는 인식을 심어준 게 가장 큰 문제이다. 그래서 웹툰이 양날의 칼과 같다고 평가한다. 현재 웹툰의 순기능을 살리면서 콘텐츠의 가치도 인정하기 위해 완결작에 대해 유료화를 확대할 필요가 있다는 게 그의 생각이다. 시공간을 초월하는 만화의 자유도를 어떻게 스크린에 담아낼지는 영화제작자가 풀어야 할 숙제이다.

자료: 머니위크

2 전통문화와 대중문화

1) 판소리

판소리의 정의

판소리는 '판을 벌리다'의 넓은 무대라는 '판'과 '소리(노래)하다'의 '소리'가 합쳐진 말이다. 판소리는 소리를 하는 소리꾼 한 사람이 북 치는 사람인 고수의 장단에 맞추어 노래하는 음악극이다. 내용은 서민의 삶과 사랑, 살아가는 도리를 담았지만 노래극이라는 형식 자체가 이미 고도의 예술성을 담고 있다.

판소리는 음악으로만 이루어져 있지 않고 극적인 요소도 포함되어 있다. 판소리의 바탕이 되는 것은 소리꾼의 노래와 말인데 그 속에는 긴 이야기가 있다. 소리꾼은 창자唱者라고도 불리는데 창자와 고수鼓手가 함께 엮는 판소리는 노래인 '창唱', 말을 하는 '아니리白', 소리꾼이 상황에 따라 하는 동작인 '발림科'으로 구성되어 있다. 소리꾼은 1인 3역을 하는 것이다. 고수는 유일한 반주 악기인 북을 치며, 때때로 '얼씨구', '좋다' 따위의 감탄사인 '추임새'를 넣는다. 청중 역시 고수처럼 추임새를 하며 공연에 참여한다. 이처럼 판소리는 문학적 요소, 음악적 요소, 극적 요소가 어우러진 종합예술이다. 판소리의 소리꾼은 사회의 하층 계급이었다. 사회적으로 천대와 설움을 받던 그들은 일반 민중이 겪는 삶의 고단함을 과장해서 표현하였고, 구경꾼들은 그들의 설움을 통해 자신의 삶을 위로받았다. 솔직하고 해학적인 인간관과 미의식이 담긴 판소리의 수용층은 점차 서민에서 중인, 양반으로까지

소리꾼과 고수의 장단에 맞추어 노래하는 음악극

그 영역을 넓혀 갔으며, 판소리의 소리꾼을 후원하는 양반들도 나타났다.

판소리는 양반 취향에 맞추기 위해 때로 어려운 고사성어도 섞어서 하고, 양심적이고 서민의 편에 선 지배층의 캐릭터도 만들었다. 수백 년 동안 우리 조상의 삶과 애환을 담고, 빼어난 기교가 단련되어 온 판소리가 우리나라의 대표적인 공연 종목이 된 건 당연한 일이다.

판소리의 가장 큰 특징은 즉흥성郞興性이다. 즉흥성이란 준비 없이 노래하는 것이다. '준비 없이'라고 해서 정말 준비 없이 하는 것은 아니고, 여러 상황을 예상하고 있다가 그때그때마다 적절히 즉흥적으로 대처한다는 의미이다. 즉 한 시간 공연을 하려고 했는데, 예상외로 청중의 반응이 좋으면 두 시간으로 늘릴 수도 있는 것이다. 이 같은 청중의 반응은 추임새로 알 수 있다. 멋진 추임새는 소리꾼에게 힘을 주어서 공연 시간이 길어져도 소리꾼은 전혀 힘들지 않은 것이다.

관객의 수준에 따라 소리의 형식을 조금씩 바꿀 수도 있다. 소리의 멋을 잘 모르는 사람은 추임새도 못하고, 소리보다는 아니리에 관심을 더 갖기 마련이다. 그러면 노래를 줄이고, 해설 격인 아니리를 많이 넣고 연극적인 요소도 더 강화한다. 즉흥 음악은 소리꾼이 공연 형편에 맞게 대처할 수 있다는 점에서 좋다. 이런 즉흥성은 각자에게 맡은 역할이 주어지는 창극보다 혼자만의 공연에서 더 잘 나타난다.

판소리의 주인공들은 대개 신분이 높지 않거나 인간적 약점을 가진 사람들이다. 〈춘향가〉의 춘향이나 〈배비장전〉의 배비장, 〈변강쇠타령〉의 변강쇠와 옹녀, 〈심청가〉의 심청이와 심봉사가 그에 해당된다. 〈옹고집타령〉의 옹고집, 〈춘향가〉의 변학도 등은 신분은 낮지 않지만 탐욕스럽고 심술궂게 묘사된다. 판소리의 재미는 착한 사람이 복을 받고, 악한 사람은 결국 벌을 받는다는 고전적인 이야기 틀에 서민의 생활과 감정을 생동감 있게 그리는 데서 나온다.

판소리의 유래와 변화

판소리는 우리 민족 고유의 전통으로 1964년 12월 24일 중요무형문화재 제5호로 지정되었으며, 2003년 11월 7일 유네스코 '인류구전 및 세계무형유산걸작'으로 선정되어 세계무형유산으로 지정되었다. 판소리의 기원과 발전 과정은 기록이 드물고, 악보가 전해 오지 않아, 확실히 알 수 없다. 기원에 관한 설은 여러 가지가 있는데, 호남 무가巫歌 기원설에 그 힘이 실리고 있다. 무가 기원설은 판소리에서 호남 무가와 비슷한 음악 양식이 나온다는 점과, 판소리 창자 계층에 무속 출신이 많다는 점으로 설명되었다. 또한 무가에 나오는 엇모리 가락이 판소리와 산조에서 공통적으로 나오는 것과의 비교를 통하여 무가 기원설이 대두되었다. 판소리의 사회적 수용 과정에서 호남 지방의 명창과

후원자가 많이 참여하면서 점차 호남 무가의 선율과 비슷한 모습으로 바뀌었을 지도 모른다.

요즘과 같은 판소리의 형태와 내용이 자리 잡은 시기는 숙종(1661~1720년, 재위 1674~1720년) 시대로 보는 설과 다소 막연하게 영조(1694~1776년, 재위 1724~1776년) 이전 시대로 보는 설이 있다. 문헌상으로 가장 오랜 기록은 유진한의 『만화집晩華集』에 소개된 〈춘향가〉이다. 유진한은 호남 지방을 여행하던 중에 판소리 〈춘향가〉를 듣고 이 책을 썼다고 한다.

판소리라는 명칭은 19세기 말까지는 쓰이지 않았던 것으로 보이며, 대개 타령·잡가·창·소리·광대소리·창악·극가·가곡·창극조 등으로 불렸다. 판소리라는 용어가 공식적으로 처음 등장한 것은 1940년에 나온 정노식의 『조선창극사朝鮮唱劇史』에서이다. 이렇게 볼 때 일제강점기부터 판소리라는 명칭이 쓰이기 시작한 듯하다. 어쨌든 판소리는 판을 이루는 예술, 곧 공연예술이라는 점과 목소리를 표현매체로 삼는 성악의 일종이라는 점이 강조된 이름이라 할 수 있다.

판소리가 대중적인 예술로 자리 잡으면서 곳곳에서 명창들이 활동했다. 자연히 창법과 기교가 발전했고, 소리의 느낌과 감흥에 따라 동편제東便制·서편제西便制로 유파가 나뉘게 되었다. 동편제는 남원 출신의 명창 송흥록宋興祿에서 이어진 유파인데, 창법이 활달하고 웅장하며, 구절의 끝마침이 명확해 보통 '남성적'이라고 표현한다. 반면에 서편제는 조선 정·순조 연간에 활약한 박유전 명창에서 시작한 유파로 부드러우면서 애절하며 마지막을 길게 끌어 '여성적'이라고 평가받는다.

근대 후기에는 기교적이고 낭만적인 서편제가 인기를 끌었지만, 담백하고 꿋꿋한 동편제는 인기가 시들하고 부르는 사람이 많지 않았다. 일제강점기에는 우리나라의 전통문화가 급속도로 해체되던 시기였다. 서민예술로 꽃피웠던 판소리도 변화를 겪었다. 가장 두드러진 특징은 시대의 어려움을 한과 비애로 표현하는 비탄조의 계면조가 유행하게 된 것이다.

20세기의 판소리 전개과정에서 중요한 변화는 판소리가 창극唱劇으로 양식을 바꾼 것이다. 창극운동은 외래문화의 유입과정에서 원각사에서 시작하였다. 원각사圓覺社에서 협률사協律社라는 창극단체를 전속으로 둔 것이다. 판소리의 창극화는 어전광대로 사고참봉史庫參奉을 제수 받은 강용환姜龍煥이 시도하였다. 협률사에 대거 참여하게 된 명창들은 1903년에 〈춘향가〉를, 1904년에 〈심청가〉를 각각 창극화하였다. 이어 1910년에 〈변강쇠타령〉, 1915년에 〈홍부전〉을 창극화하였다. 당시 창극은 대단히 소박하였다. 창극 '춘향전'은 무대 장치나 도구 없이 흰 포장을 배경으로 하고 천장에 전등만 밝힌 무대에서 두 사람이 번갈아 배역을 맡는 2인극이었다. 이렇게 무대를 소박하게 꾸민 것은 주인공의 화려한 의상과 연기를 돋보이게 하기 위한 장치였다. 창극의 내용 역시 전편 공연이 아니고, 중요한 장면만 뽑아서 연출하였다.

판소리는 창극으로 전개되는 과정에서 많은 변화를 겪었다. 무엇보다 소리꾼 한 사람의 역량에 따라 마음대로 구사할 수 있었던 음악기법에 제한을 받게 되었다. 여러 사람이 노래하고 여러 명의 반주단이 등장하면서, 음악적으로 손실을 입게 된 것이다. 음악성이 뛰어난 명창이 만들어 내던 극적 표현을 연극에서는 살리기 어려웠다. 현재 남아 있는 판소리 6마당은 조선 후기 신재효에 의해 정리된 것으로 〈춘향가〉, 〈심청가〉, 〈박타령〉, 〈가루지기타령〉, 〈토끼타령〉, 〈적벽가〉 등이 있다.

창작 판소리의 발전

판소리는 크게 판소리와 단가, 병창, 승도창, 창극, 창작 판소리로 나누어진다. '단가'는 판소리를 부르기 전에 소리꾼이 목을 풀기 위해 부르는 짧은 노래를 말하고, 가야금이나 거문고를 연주하면서 판소리나 단가를 부르는 것은 '병창'이라고 한다. '승도창'은 줄타기를 하면서 부르는 판소리인데, 요즘은 줄 타는 광대가 없어져 거의 불리지 않는다. '창극'은 앞서 살펴본 것처럼 여러 명의 인물들이 각기 맡은 역할에 따라 연기를 하면서 판소리를 부르는 것이다. '창작 판소리'는 예부터 전해져 내려온 판소리가 아니라, 시대에 맞게 새롭게 만들어진 판소리를 말하는데 최근 들어 부각되고 있는 부분이다.

창작 판소리의 역사는 20세기 초까지 거슬러 올라간다. 현재 문헌을 통해서 확인할 수 있는 가장 오래된 창작 판소리는 〈최병두 타령〉이다. 〈최병두 타령〉은 원각사 시절(1902~1906)에 공연되었던 것으로 알려져 있다. 이 〈최병두 타령〉은 강원도 감사인 정 모라는 자가 아무 죄도 없는 최병두를 잡아다가 때려죽이고, 그 재산을 빼앗았다는 실화를 바탕으로 만들어졌다. 원각사 시절에 판소리화되었고, 후에 다시 강용환에 의해 창극으로 공연되어 대단한 인기를 끌었다고 한다. 이 〈최병두 타령〉의 내용을 소설화한 것이 이인직이 쓴 신소설 『은세계』이다. 그러나 〈최병두 타령〉은 당시 한동안 장안의 인기를 끈 뒤에는 사라지고 말았다.

창작 판소리로서 가장 성공한 것으로는 해방 후 박동실에 의해 만들어진 〈열사가〉를 들 수 있다. 이 〈열사가〉는 이준, 안중근, 윤봉길, 유관순 등 열사들의 행적을 노래한 것으로, 해방 후로부터 1950년대 말까지는 판소리 공연의 중요한 레퍼토리가 될 정도로 인기가 있었다고 하는데, 1960년대 이후 부르는 일이 거의 없어졌다가 최근에 신나라레코드에 의해 복원된 바 있다.

판소리를 대사회적 투쟁의 무기로 쓰고자 하는 움직임은 1980년대에 강하게 일어났다. 그중에서도 임진택의 직업은 뛰어난 것이었다. 임진택은 판소리를 대사회적 투쟁의 무기로 쓰고자 하는 적극적인 의사를 가지고 있었다. 임진택은 〈소리내력〉, 〈똥바다〉, 〈오적〉 등 김지하의 일련의 담시를 판소리로 만들었을 뿐 아니라, 1980년 5·18 민주화운동의 전말을 노래한 〈오월 광주〉를 만들어 공연하였다. 이 외에도 국립창극단 등에서 공연한 창작 창극이나, 최근 언론 기관에서 현상 모집을 통해 대본을 공모하여 만든 창극 등이 있다. 그러나 이것들은 판소리보다는 창극에 주안점을 두었을 뿐만 아니라, 그 결과도 특별한 반향을 일으키지는 못하였다. 다만 이러한 끊임없는 노력을 통해서 새로운 판소리를 창작하려는 노력을 멈추지 않았다는 데 의의가 있다. 이러한 노력 속에서 나온 〈그 날이여 영원하라〉, 5·18 민주화운동 관련 노래인 〈하늘도 울고 땅도 울고〉는 전문 소리꾼들이 나서서 이 시대의 가장 첨예한 문제에 대해 노래하기 시작했다는 데서 우선 그 의의를 찾아야 한다. 사실 그동안 전문 소리꾼들에 의해 불린 많은 창작 판소리들이 당대의 문제의식으로부터 출발한 것이 아니고, 그저 고전이나 역사적 사실에서 가져온 내용을, 별다른 문제의식 없이 판소리 형식으로 불러온 정도이기 때문이다.

최근 들어 젊은 소리꾼들이 창작 판소리에 연극적 요소를 강화하여 소리극 형태의 공연을 펼치고 있기도 하다. 대표적인 예로 '바닥소리'의 창작 소리극 〈닭들의 꿈, 날다〉가 있다. 닭장에서 탈출한 닭들이 하늘을 나는 꿈을 이루는 과정을 그려내고 있는 이 작품은 억눌린자들의 비상이라는 주제 의식과 통일에 대한 희망을 자연스럽고도 감동적으로 표현하여 많은 관객의 큰 호응을 얻었다. '바닥소리' 출신의 조정희가 '판소리 모노드라마'라는 이름으로 공연한 〈바리데기 바리공주〉도 주목되는 작품이다. 이 작품은 무속신화 〈바리데기〉를 현대적인 감각과 여성적인 시각에서 새롭게 해석한 작품이다. 이 작품은 설득력 있는 이야기 구성과 극과 잘 어울리는 호소력 있는 음악으로 높은 예술적 성과를 이루어 냈다.

이자람은 창작 판소리를 설명하면서 빼놓을 수 없는 인물로 독일 극작가 브레히트의 작품을 판소리화하여 큰 성공을 거두었다. 이자람은 기존의 희곡을 우리나라의 실정에 각색하여 완전히 새로운 작품을 만들었다. 특히, 판소리라는 전통문화에 현대적인 내용과 유머를 가미하여 누구나 쉽게 감동하고 다시 찾게 만들었다.

젊은 판소리 〈사천가〉

〈사천가〉는 대한민국을 대표하는 소리꾼 이자람과 함께 소리꾼 이승희, 김소진이 합세하여 충무아트홀 블랙에서 2013년 7월 9일~8월 4일까지 한 달간 공연하였다.

세계 속에서 관객들과 함께 호흡하며 성장한 판소리극 〈사천가〉는 20세기 서양 연극사를 대표하는 희곡작가이자 연출가인 브레히트의 대표적인 서사극 '사천의 선인'을 21세기 한국적 상황에 맞춰 재구성해 무대에 담아낸 작품이다.

이는 판소리는 지루하다는 기존의 고정관념을 깨고 신명나는 놀이와 통쾌한 풍자, 시원스런 희노애락의 감정을 풀어내며 관객들을 자극한다. 소리꾼과 고수의 판에 밴드가 둘러서는가 하면 공연 중간중간 번쩍이는 의상을 입은 신이 등장해 춤을 추며 여흥을 돋운다.

자료: 한경닷컴, 2013. 5. 29.

창작 판소리 〈억척가〉

2011년 6월 19일 이자람은 창작 판소리 〈억척가〉의 마지막 공연을 마치고 무대 뒤에서 쓰러졌다. 그녀는 "그대로 캡슐에 나를 넣어 우주로 날려 보내고 싶은 심정이었다"고 회고했다. 〈억척가〉는 2007년 〈사천가〉에 이어 그녀가 두 번째로 선보인 판소리이다. "무슨 창작 판소리냐, 전통 판소리나 제대로 하고 있느냐"라는 수많은 걱정과 핀잔에 '나는 전통 판소리가 너무 좋고, 그래서 매일 연습하고, 이런 작업을 하고 있는 것입니다!'라고 소리치고 싶은 마음을 삭이고 삭여 작품으로 빚어낸 것이다. 브레히트의 원작 『억척어멈과 그의 자식들』에서 가져온 전쟁통에 자식들을 잃어가며 자신도 잃어가던 억척네의 웃음, 비통함, 억울함, 신명, 깨달음을 인간의 몸으로 낼 수 있는 소리를 총동원해 만든 판소리이다.

자료: 동아일보, 2011. 12. 26.

창작 판소리 〈김주열 열사가〉

민주화대장정 사업의 일환으로 추진 중인 창작 판소리 〈김주열 열사가〉 공연이 지난 2013년 12월 10일 서울국립국악원 예악당에서 열렸다. 김주열열사기념사업회(회장 강경식)가 준비한 이 공연은 지난 2011년 마산공연을 시작으로 지난해에는 5·18민중항쟁기념사업회와 손잡고 광주공연을 마쳤다. 2013년에는 순회공연을 세 번 하여 열사를 추모하는 마음을 전국에 알릴 수 있는 뜻 깊은 공연이 됐다는 평가를 받고 있다. 〈김주열 열사가〉는 2010년 열사 50주기 추모에 맞춰 제작된 열사에 대한 추모의 마음이 담긴 창작 판소리이다.

자료: 새전북, 2013. 12. 11.

2) 연주 및 놀이 문화

사물놀이

사물四物이란 원래 불교의식에 사용되던 악기인 '법고法鼓·운판雲板·목어木魚·범종梵鐘'을 가리키던 말이었으나, 뒤에 '태평소·징·북·목탁'

꽹과리·징·장구·북 등의 악기로 연주하는 음악

을 가리키는 말로 바뀌었다. 그리고 다시 절 걸립패의 '꽹과리·징·장구·북'을 가리키는 말로 바뀌어 오늘날까지 사용되고 있다. 이러한 편성에 따른 음악은 1978년 최초로 '사물놀이'라는 이름으로 창단된 '김덕수 사물놀이패'에 의해서 본격적으로 시작되었다. 당시 이들이 농악을 다루는 연주 기량은 아주 뛰어났고, 농악을 무대용 음악에 알맞게 효과적인 방법으로 구성하였다. 그래서 농악의 생동적인 음악성과 치밀한 연주기교는 상당한 반응을 일으켰고, 해외 연주활동을 통하여 국제적인 명성을 얻기도 하였다.

근래에는 다른 구성원들이 여러 사물놀이 합주단을 만들어 활동을 하면서, 최초의 이들은 '원사물놀이패'로 불리고 있다. 이들이 주로 연주하는 음악은 호남우도농악湖南右道農樂·짝두름·설장고놀이·비나리·판굿·삼도농악三道農樂·길군악칠채 등이다. 이들이 연주하는 호남우도농악은 호남에서 주로 연주하던 농악이고, 삼도농악은 영남 지방, 길군악칠채는 경기도 행진농악을 말하는 것이다. 짝두름에서는 제1꽹과리 연주자인 상쇠와 제2꽹과리 연주자인 부쇠가 꽹과리 장단을 한 장단 또는 반 장단을 주고받는 연주이다. 설장고는 원래 장구를 치는 연주자가 혼자 서서 발림을 하며 독주하는 것이나, 여기서는 악사 네 사람이 저마다 장구를 앞에 놓고 앉아서 설장고 가락을 합주한다. 비나리는 지역마다 그 지방에 따라 구별되는 노래의 양식인 토리가 다르게 되어 있어, 이들이 연주하는 비나리는 다양한 지방의 덕담이나 염불로 되어 있다. 판굿은 본래 마당에서 수많은 농악수들이 이리저리 움직이며 노는 것이나 이들의 판굿은 네 사람의 악사가 전립을 쓰고 상모놀이를 하며 단체놀이나 개인놀이를 벌이는데 주로 상모놀이를 많이 보여 준다. 꽹과리 연주자는 백로 깃털로 만든 모란꽃이 크게 달려 있는 부포상모를 사용하고 나머지는 흰 종이로 된 긴 끝이 달려 있는 채상모를 사용한다.

이들이 크게 인기를 얻게 되자 사물놀이 단독 연주뿐만 아니라 무용 반주, 서양 오케스트라와 협연, 재즈와 협연 등 여러 가지로 응용되었다. 그뿐만 아니라 서양음악을 포함한 모든 한국음악계에 커다란 영향을 주었고, 특히 타악기의 활성화에 크게 공헌하여 타악기 전공자들에게 영향을 주었다.

● 〈난타〉로 재탄생한 사물놀이

이 작품은 대사 없이 리듬과 비트, 상황만으로 구성된 한국형 뮤지컬 퍼포먼스이다. 〈난타〉는 당시 국내에 새롭게 등장한 '비언어적 공연non-verbal performance'이란 장르를 도입해 화제를 불러일으켰다. 난타를 기획한 송승환은 오프브로드웨이에서 장기 흥행에 성공한 〈스톰프Stomp〉와 〈튜브스Tubes〉 등 비언어적 공연의 특성을 벤치마킹함과

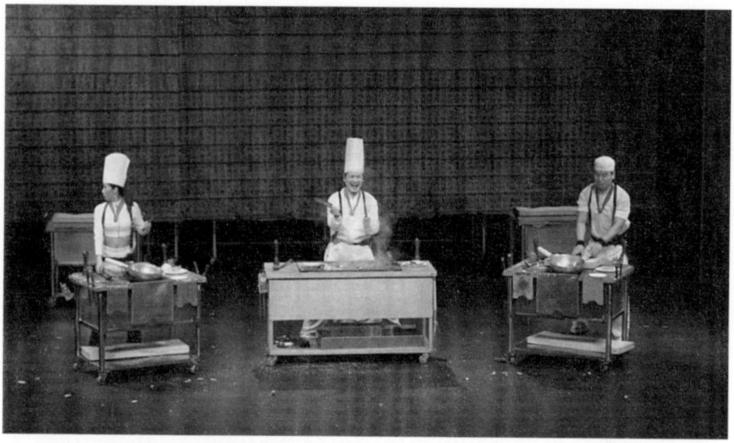

우리나라의 대표 넌버벌 퍼포먼스 〈난타〉
자료: ⓒ la_minai(플리커 ⓒ, ⓘ)

동시에, 한국의 고유 리듬이자 소리인 사물놀이를 피아노, 재즈 등 현대적 공연 양식에 접목하는 독창적인 시도를 하였다.

국내 최초의 넌버벌 퍼포먼스인 〈난타〉는 1997년 10월 10일 호암아트홀 무대에 첫 선을 보인 이후 그해 바로 전국을 강타했다. 공연장이던 호암아트홀은 개관 이후 처음으로 입석 관객을 맞았고, 밀려드는 인파 때문에 극장 로비의 대형 유리창이 깨지는 일도 일어 났다. 〈난타〉는 사물놀이의 리듬에 맞춰 온갖 요리를 해내는 요리사들의 이야기로 타악기 소리와 몸짓만으로 무대를 가득 채운다.

〈난타〉의 매력은 우리 주변에서 흔히 볼 수 있는 주방용품인 '칼·도마·냄비·프라이팬·접시' 등의 모든 재료들을 이용하여 강렬한 전통 리듬을 만들어 낸다는 것이다. 일상적인 도구와 소품을 두드려 파워풀한 소리를 내며 연주를 한다는 것 자체가 색다른 볼거리이기도 하다. 또한 우리나라의 전통적인 마당극처럼 관객을 직접 무대에 참여시키는 것도 하나의 장점이다. 관객들은 극에 참여하여 전통혼례의 신랑·신부가 되기도, 만두 쌓기 게임에서 열심히 경쟁을 하기도, 배우와 함께 직접 연주를 하기도 한다. 관객들은 참여하면서 극에 더 몰입하게 되고 극 속에 즐겁게 빠져들게 된다.

해외 공연에서는 처음에 '쿠킨COOKIN'이라는 제목으로 공연되었는데, 해외 첫 진출무대인 1999년 에든버러 프린지 페스티벌에서 최고의 평점을 받았다. 이후 2003년 미국 브로드웨이 뉴 빅토리 시어터에서 첫 공연을, 2004년 3월 오프브로드웨이 미네타 레인 극장에서 아시아 최초로 전용관을 개관하여 1년 6개월간 공연되었다. 2014년 12월 기준 4개의 전용관(명동, 충정로, 제주, 방콕)에서 연중 상설공연 중이며, 연간 외국인 관람객 약 38만 명이 관람하는 한국을 대표하는 문화 관광 상품으로 자리 잡고 있다.

난타

- 1997년 초연
- 1998년 한국뮤지컬대상 특별상
- 1999년 영국 에든버러 프린지 페스티벌 최고 평점, 전회 매진
- 2000년 한국관광 대상, 국내 최초 상설 공연장 개관
- 2003년 미국 첫 공연
- 2004년 미국 오프브로드웨이 전용관 개관(2005년 8월 종료)
- 2009년 10,000회 공연 돌파
- 2012년 국내외 총 관람객 800만 명 돌파
- 2013년 4개의 전용관(홍대, 명동, 강북정동, 제주, 충정로)에서 상설 공연
- 전 세계 43개국 280개 도시 투어 공연

● 넌버벌 퍼포먼스

넌버벌 퍼포먼스non-verbal는 비언어 커뮤니케이션 수단을 활용해 이야기를 꾸미는 일련의 무대 콘텐츠들을 일컫는 용어이다. 가급적 언어

를 배제하고 비언어적 상징과 표현, 몸짓과 소리, 음악 등으로 극을 꾸미는 성격의 공연들을 말한다. 대표 작품으로는 탭댄스를 다양한 무대적 구성으로 엮은 〈탭덕스〉, 일상 속 소도구를 활용해 리드미컬한 무대를 꾸미는 〈스톰프〉 등이 있고, 우리나라 작품으로는 뉴욕의 오프브로드웨이까지 진출한 송승환이 기획한 〈난타〉가 대표적인 작품이다. 〈난타〉는 리듬과 비트, 상황만으로 구성된 작품이다. 따라서 언어의 장벽으로부터 자유로울 수 있기 때문에 전 세계 남녀노소 누구나 함께 즐기고 공감할 수 있다. 이는 〈난타〉가 국제적으로 뻗어나갈 수 있는 힘의 원동력이었으며, 문화적 이질감을 이겨내고 세계시장으로 진출할 수 있는 좋은 기회를 만들어 주었다.

● 전통 리듬 및 드라마적 요소

〈난타〉는 전 세계적으로 독창성을 인정받는 사물놀이의 훌륭한 리듬을 이용하여 관객들이 한껏 빠져들 수 있는 신나고 화려한 무대를 보여준다. 또한 한국의 전통리듬을 현대적 공연 양식에 접목하여 세계 시장에서 성공할 수 있었다. 일반적으로 기존의 넌버벌 작품들은 리듬과 비트의 끊임없는 반복으로 단조로운 단점이 있었다. 반면에 〈난타〉는 주방이라는 일상적 공간을 무대로 설정하고 극적인 요소를 삽입하여 누구나 신나고 즐겁게 관람할 수 있도록 하였다. 또한 많은 좋은 작품 중에서도 〈난타〉가 해외 시장과 관광객들을 상대로 단연 성과를 거둘 수 있었던 것은 일단 사물놀이와 극적인 넌버벌 퍼포먼스의 접목이라는 콘셉트 자체의 힘이 컸다. 한국을 찾은 관광객들이 원하는 '한국적이면서도 너무 무겁거나 진지하지는 않은 공연'에 맞는 작품이기도 하다.

● 활발한 관객 참여

〈난타〉의 또 다른 강점은 관객이 직접 무대에 오르고 쇼에 참여할 수 있다는 점이다. 주방은 누구에게나 익숙한 공간이고, 그 공간에서 음식을 만들고 또 나누어 먹는 과정에서 관객들을 참여시키기 쉽다. 관객을 극의 공간인 무대로 불러내고 작은 이벤트나 게임을 하는 것이 작품의 흐름을 끊거나 격을 떨어뜨린다는 부정적인 시각도 있으나, 〈난타〉는 넌버벌 퍼포먼스에서 구현할 수 있는 무대와 객석의 상호성을 최대한 적극적으로 활용한다.

관객은 엉겁결에 무대에 올라가서 요리사와 게임을 하는가 하면, 완성된 요리를 먹거나 사모관대와 족두리를 쓰고 신랑·신부 역할도 하며, 배우와 함께 하나의 리듬을 만들어내기도 한다. 작품을 관람하면서 배우들과 함께 흥을 돋우고 공감하며 난타만의 즐거움을 느낄 수 있다.

〈난타〉, 외국인 관광객들에게 한국 공연 관람 유도

명동 유네스코회관 내 난타전용관에 들어서면 일본어를 처음 접할 수 있다. 390석 극장 여기저기서 일본어가 들리고, 관광객들은 공연 전 함께 온 사람과 서로 기념사진을 찍어준다. 중국인과 서양인이 더러 있고, 가족단위로 온 한국인들도 보인다. 주로 외국인이 주요 관객이었다. 〈난타〉는 사물놀이 장단을 변형한 리듬을 주방기구로 구현한 것이 특징이다. 실제로 리듬에 맞춰 조리하니 고소한 냄새가 미각을 자극한다. 관객을 무대로 불러올린 체험 시간이 호응도를 높인다. 송승환 대표의 이런 창의성은 1년에 10편 가량 뮤지컬을 만드는 등 왕성한 활동으로 이어진다. 성신여대 융합문화예술대학 초대 학장으로 문화산업 인재를 양성하고 있지만, 그의 정체성은 '공연을 만드는 사람'이다.

그는 〈난타〉의 주 관객층이 외국인이 되면서 자연스레 문화전도사 역할을 하게 되었다. 〈난타〉를 통해 외국인에게 전하는 한국문화란 무엇인가라는 질문에 다음과 같이 말하였다.

"보는 사람에 따라 다를 거다. 나는 연극을 만들고 공연 만드는 사람으로서 가장 중요하게 생각하는 것이 재미와 감동이다. 거기에 메시지가 있다면 더 좋을 것이다. 과거에 우리나라 연극은 대학 정도는 졸업해야 볼 수 있는 어려운 내용이 많아서, 〈난타〉는 남녀노소 누구나 재미있게 볼 수 있게 하려는 생각으로 만들었다. 〈난타〉에는 한국인이 가진 흥이 담겼다. 〈난타〉를 본 외국인들은 '주방에서 끊임없이 일하는데, 저게 음식을 만드는 건지 노는 건지 구분이 안 간다.'는 피드백을 곧잘 한다. 그런데, 사실 우리 옛 농촌에서 보면 농사짓다가도 농악대가 농악을 하는 등, 일하면서 즐기는 여유로움이 있었다. 한국인들의 타고난 끼, 에너지, 그런 것을 보여주고 싶었다."

자료: 대기원시보

풍물놀이

• 유래

풍물놀이는 풍물굿으로 간단히 풍물風物, 풍악風樂, 농악農樂이라 불리기도 한다. 풍물놀이란 꽹과리, 장고, 북, 징의 네 가지 악기와 나발, 태평소, 소고 등의 악기를 기본 구성으로 하여 악기연주와 몸동작, 그리고 진을 구성하며 하는 놀이와 연희를 모두 가리키는 말이다.

한국 농촌의 가장 대표적이고 보편적인 놀이인 풍물놀이는 전국적인 분포를 보이고 있으나, 특히 중부 이남에서 활성화되었다. 풍물놀이는 정월 초·단오·백중·추석 기타의 명절날에도 행해졌으며, 가락은 주로 빠른 장단인 자진모리를 사용하였다. 또한 풍물은 놀이에만 사용되는 것뿐만 아니라, 갖가지 신앙적 행사에도 쓰였다. 정월 초에

꽹과리·장고·북·징·나발·태평소·소고 등의 악기를 기본 구성으로 연주 및 놀이

는 집을 돌아다니며 지신밟기 따위의 액막이굿을 하며 우물을 도는 샘굿 같은 것도 하였다. 이렇듯 풍물놀이는 공동체 구성원들의 오락과 신앙, 기타 모든 공동생활의 중심을 이루고 있는 민족놀이라고 볼 수 있는 훌륭하고 다채로운 면모를 갖추고 있다.

• 구성

구성에는 발림, 가락, 진이 있다.

발림(춤사위)은 판소리의 소리꾼이 소리를 하며 몸동작을 하는 것처럼 풍물놀이를 하며 연주자들이 하는 춤동작을 말한다. 몸동작은 아랫노름과 윗노름으로 구분할 수 있다. 아랫노름은 주로 발동작을 말하는데, 수십 가지의 다양한 형태를 띠고 있지만 까치걸음, 절름발이걸음 등 몇 가지를 제외하고는 정식 명칭은 없다. 상모를 쓰지 않는 전라우도 지방의 풍물굿이 비교적 화려한 아랫노름을 보여 준다. 윗노름은 상모를 여러 가지 형태로 돌려 모양을 만드는 것을 말한다.

가락은 선율이나 멜로디라고 말할 수 있다. 가락은 지역별로 특징이 있는데 그것은 그 지역이 주로 평야로 이루어져 있느냐 혹은 산맥으로 많이 이루어져 있느냐에 따라 달라진다. 호남같이 평야가 많이 발달한 지역에서는 장구의 가락이 많이 발달했고, 영남과 같이 산맥이 많이 발달한 지역에서는 북의 가락이 발달했다. 남쪽과 북쪽으로 나뉘어서도 차이를 나타낸다. 북쪽은 남쪽에 비하여 꽹과리의 가락이 발달했고, 남쪽은 가죽 계열의 악기인 북, 장구, 소고의 가락이 발달되었다.

진陣이란 원래 양측 군대가 전투를 앞두고 주둔하고 있는 모습을 가리키는 말인데, 풍물놀이에서는 연주자들이 서로 집단적인 모둠을 형성하는 것을 말한다. 가락에 따라 진풀이를 펼쳐가며 판을 진행한다. 이 가운데 원진, 방울진, 미지기진, 오방진 등은 대부분의 지방에서 공통적으로 있는 것이며, 이외에도 지방에 따라 특색 있는 진의 모양이 있다.

3) 스포츠: 택견과 태권도

택견

택견은 우리나라 고유의 무술이며 독특한 리듬으로 스텝을 밟거나 유연하고 율동적인 춤과 같은 동작인 다리걸기, 발차기, 던지기 등의 기술로 상대방을 공격하는 무술이다. 부드럽고 곡선을 그리듯 움직이지만, 여러 가지 공격과 방어 기술을 가지고 있는 효과적인 무술이라 할 수 있다. 문화재 지정을 받았기 때문에 택견을 수련하는 체육관은

도장으로 불리지 않고 '전수관傳修館'이라 불리기도 한다.

우리나라 고유의 전통 무술

택견이라는 명칭이 언제부터 사용되어 왔는지는 명확하지 않다. '수박手搏' 또는 '수박희手搏戲'가 『고려사』·『조선왕조실록』 등에 보이며, 『재물보』·『청구영언靑丘永言』에서 '탁견'이 등장한다. 1921년 조선총독부에서 간행한 『조선어사전』에는 '택견'으로 표기되어 있으나, 1933년 '맞춤법 통일안' 발효 이후 출간된 『국어사전』에는 '태껸'으로 적혀 있다. 이후 태껸으로 불리다가 2011년 국립국어원에 의해 택견도 표준어로 인정되었다.

민속경기로서의 택견은 『고려사』와 『동국여지승람』 같은 옛 기록에도 잘 나타나 있다. 『태종실록』에는 "의흥부에서 군사를 뽑는데 수박희를 시켜 세 사람을 이긴 사람을 방패군으로 삼았다"고 기록되어 있다. 『세종실록』에는 "향리나 관노들이 수박을 잘하는 자를 군사로 뽑아 쓴다는 말을 듣고 모여 서로 다투어 수박희를 하였다"는 기록이 있다. 또한 일제강점기에는 모든 우리나라 전통문화가 탄압을 받았듯이, 택견을 금지하는 조치가 취해졌다. 명분상 택견이 미풍양속을 해친다고 하여 택견을 못하게 한 것이다. 심지어 어린아이들이 장난삼아 하는 택견마저 강하게 탄압하고 발각될 때는 그 마을의 어른이나 집안 어른을 위협했기 때문에 결국에는 택견을 할 수가 없었다고 한다. 이렇게 해서 우리의 전통문화가 일본의 탄압에 의해 그 흐름이 꺾이게 되었다.

그나마 택견이 전수될 수 있었던 것은 송덕기의 덕분이었다. 1970년대 초부터 송덕기에게서 택견을 전수받고 있던 신한승이 택견을 중요무형문화재로 지정받을 결심을 하게 되어 낱 기술 20~30여 수에 불과한 송덕기의 택견을 분석, 체계화하여 80여 종의 기본기로 정리하였다. 신한승의 집념이 끝내 결실을 맺어 택견은 1983년 6월 1일 중요무형문화재 제76호로 지정되었고, 송덕기와 신한승은 기능보유자로 인정되었다. 또한 택견은 2011년에는 유네스코의 세계무형문화유산으로 지정되었다.

선수의 복장은 흰색 한복 바지저고리를 착용한다. 발등 쪽에 솜을 넣은 버선을 신고 필요에 따라 정강이 보호대를 착용할 수 있다. 청백 양편을 표시하기 위해 폭 20cm의 백색, 청색 띠를 사용하는데, 경우에 따라 충격을 흡수할 수 있는 재질로 만든 청백의 조끼를 착용할 수도 있다.

태권도

태권도의 유래는 택견에서 찾을 수가 있다. 택견이 일제강점기에 탄압을 받으며 거의 소멸될 상황에 이른 후, 해방을 맞은 우리 민족은 잊힌 우리의 무술을 되찾자는 움직임이 있었다. 이에 뜻이 있는 사람들이 모여 후진 양성을 시작하였으며, 1961년 9월 16일 '대한태권도협회'가 창설되었다.

태권도는 대표적인 한민족 고유의 무술로서 아무런 무기 없이 맨손으로 하는 투기 스포츠라는 점에서는 택견과 비슷하지만, 많은 점에서 택견과는 달리 세계적으로 널리 보급된 대한민국의 국가 스포츠이다. 태권도는 아무런 무기 없이 언제 어디서나 손과 발을 이용해 공격

대표적인 한민족 고유의 무술로서 맨손으로 하는 스포츠

또는 방어하는 무도로 신체 단련을 위한 목적과 함께 정신을 단련시키는 목적도 가지고 있다. 또 신체운동뿐만 아니라, 교육적 수단으로도 사용된다. 교육적 수단으로서의 태권도는 자라나는 어린이, 청소년들에게 건전한 가치관과 애국심을 심어줄 수 있고, 자아완성을 도와 줄 수 있다. 이를 위해서 태권도 수련자는 반복적인 예절교육을 통해 자칫 빠지기 쉬운 자기중심적 삶에서 벗어나 올바른 인성을 가질 수 있도록 수련한다.

요즘의 태권도는 두 사람이 겨루는 '겨루기'에서 벗어나 태권도를 춤과 결합시킨 '태권무'라는 형태로도 발전하였다. 한국의 태권도를 세계에 알리기 위해 한국태권도협회에 소속되어 있는 단원들이 태권무를 공연하며 전 세계인들에게 태권도를 알리고 있다.

〈점프〉로 재탄생한 한국 전통 무술

● 글로벌 문화상품

〈점프〉는 〈난타〉와 마찬가지로 넌버벌 퍼포먼스이다. 태권도를 중심으로 택견과 쿵푸 등 동양의 다양한 무술들이 결합되어 있다. 무대에서 실감나는 무술과 연기를 표현해내기 위해서 배우들은 강도 높은 훈련을 받아야 했지만, 공연의 결과는 대성공이었다. 2002년 12월 국립극장 별오름극장에서 〈별난 가족〉이라는 제목으로 초연되어 뜨거운 반응을 이끌어냈다. 하지만 〈난타〉와 같은 글로벌 문화상품이 되기 위해서는 작품의 완성도가 더 높아져야 했고, 한국적인 요소도 가미되어야 했다. 오프 브로드웨이Off-Broadway 진출을 앞두고 미국식 코미디 코드를 넣기 위해 캐나다 유명 코미디 연출가 짐 밀리안이 쇼닥터로 참여했다. 무대도 한국 가옥의 형태로 디자인하는 등 비주얼의 변화를 시도하였다. 2005년 〈점프〉는 영국의 에든버러 프린지에서 박스 오피스 1위를 차지하며 명실공히 글로벌 문화상품의 대열에 합류하게 되었다.

● 독창적인 마샬아츠Martial Arts 퍼포먼스와 코믹 드라마

〈점프〉는 간단한 드라마에 슬랩스틱 코미디, 아크로바틱, 그리고 무술이 결합된 넌버벌 퍼포먼스이다. 무술 유단자 집안에 도둑이 들어와서 일어나는 사건을 줄거리로 하는 간단한 이야기지만 개성 강한 캐릭터들이 만들어내는 못 말리는 상황극은 관객에게 유쾌한 웃음을 전달한다. 특히 눈앞에서 벌어지는 놀랄 만한 무술 실력에 관객들은 입을 다물지 못하게 된다. 공중을 걸어 다니듯이 벽을 밟고 올라 차는 발차기와 공중에서 몸을 자유자재로 회전하는 배우들의 무술은 드라마의 극적인 요소와 어우러져 재미와 놀라움을 선사한다. 이것은 세계 관객들에게서도 뜨거운 호응을 이끌어냈다. 역동적 무술과 코미디는 어린아이부터 어른까지 가족들이 관람하기에도 전혀 부담이 없었다. 특히 언어를 몰라도 즐길 수 있었던 해외 관객들은 에든버러 프린지에서 매 공연마다 기립박수를 보냈다.

2005년 에든버러 프린지 페스티벌에 참가해 박스오피스 1위를 기록하면서 이것을 세계무대 진출의 발판으로 삼았다. 2006년에도 에든버러 페스티벌에 참가해 코미디 장르 최우수작품상, 판매상 등을 수상해 작품과 흥행에서 성공적인 결과를 얻었다. 2007년 2월 〈점프〉는 웨스트엔드에서 3개월 동안 장기공연을 성공으로 이끌었고, 그해 9월 컬럼비아 아티스트 매니지먼트CAMI와 합작으로 오프 브로드웨이 유니언 스퀘어 극장에서 공연하였다.

문화상품으로서 〈점프〉는 2003년 초연 이후 2011년까지 40여 개국 56개 도시에서 공연하며 한국의 문화와 예술을 전파하였다. 이런 활동으로 2007년에는 한국무역협회 100만 달러 수출탑 상을 수상했고, 2009년 대한민국 대표 문화브랜드 특별상, 2010년 서울관광대전 최우수 도시관광 프로그램상을 수상했다. 경영난으로 한때 힘들 때도 있었으나, 2014년 12월까지 꾸준한 공연을 이어가고 있다.

점프

- 2002년 〈별난 가족〉으로 초연. 전회 매진
- 2003년 〈별난 가족〉에서 〈점프〉로 변경
- 2004년 서울외신기자클럽 선정 문화부분 외신홍보상 수상
- 2005년 영국 에든버러 프린지 박스 오피스 1위
  이스라엘, 중국 초청공연

1,000회 공연 달성
- 2006년 웨스트엔드에 위치한 피콕극장 매진
인도, 스페인, 마카오, 홍콩, 그리스, 두바이, 일본 초청공연
서울 전용극장 개관
- 2007년 미국 뉴욕 오프 브로드웨이 점프 전용극장 개관
공연 최초 100만 달러 수출탑 상 수상
- 2008년 부산 전용극장 개관
러시아, 남아프리카 공화국, 태국, 바레인 영국, 스페인 초청공연
- 2009년 싱가포르, 말레이시아 초청공연
- 2010년 프랑스, 아부다비, 상해, 스리랑카, 브루나이, 호주, 인도네시아 초청공연
- 2011년 중국 8개 도시 투어, 태국, 싱가포르, 미국 초청공연
제주 전용극장 개관
- 2012년 서울극장으로 서울 전용관 이전

〈점프〉, 일본·독일·중국에서 히트

화려한 액션과 유머가 결합된 넌버벌 퍼포먼스 공연인 〈점프〉가 세계 곳곳에서 통하고 있다. '점프'팀은 2012년 종로3가 서울극장으로의 이전 준비를 바쁘게 하는 중에도 중국, 독일 함부르크, 일본 나고야 공연을 성공적으로 올렸다.

먼저 중국에서는 현지 극장 감독들의 우려를 뒤집고, 폭발적인 반응과 앙코르 사례를 이끌어 내 현지 관계자와 점프 배우진을 놀라게 했다.

일본 나고야의 '텔레피아 홀'에서 열린 〈점프〉는 2012년 2월 17일부터 21일까지 총 8회의 공연을 진행하는 동안 90%의 객석 점유율을 기록했으며 또한 매회 열광적인 객석 반응이 멈추지 않았다.

독일 함부르크에서도 〈점프〉의 위용은 남달랐다. 플리겐데-바우텐 극장에서 함부르크의 유명 인사들과 전석 매진의 첫 공연을 올린 〈점프〉는 공연 회차가 늘어날수록 관객들의 환호를 더 뜨겁게 받았고, 결국 총 20회의 공연을 성황리에 마칠 수 있었다.

자료: 일요서울

CHAPTER 5

대중문화로서 한류

CHAPTER 5

대중문화로서 한류

1 한류

1) 한류의 정의

'한류Hallyu, Korean Wave'는 1990년대 말부터 중국과 일본 및 필리핀, 베트남 등 동남아시아에서 일기 시작한 것으로, 한국의 대중문화에 대한 관심이 증가한 사회문화적인 현상을 나타내는 말이다. 특히 1996년 한국의 텔레비전 드라마가 중국에 수출되고, 2년 뒤에는 가요 분야로 확대되면서부터 한국 대중문화가 유행하기 시작하였다. 1999년 중국 CCTV에서 한국 드라마 〈사랑이 뭐길래〉가 큰 인기를 끌었으며, 1999년 중국의 신문인 《북경청년보北京青年報》에서 '한국의 유행이 밀려온다'는 뜻인 '韓流(한류우)'라는 기사가 실리면서 '한류'라는 용어가 처음 사용되었다가 이후 일반화되었다.

그러나 '한류'라는 말은 중국에서 일반화되기 이전 1997년 대만에서 먼저 나왔는데, 여기에서 쓰인 '한류'는 지금 한국에서 사용하는 '한국 대중문화의 유행'이란 의미와는 다르다. 대만에서는 한국 기업 또는 한국에서 생산한 제품을 가리키는 말로 쓰였다. 당시 외환위기로 인해 원화가치가 폭락했고, 세계시장에서 한국과 경쟁을 하고 있던 대만은 원화의 약세로 한국제품의 가격이 거의 절반 이상으로 인하되는 상황에 놓이게 된다. 따라서 대만은 한국과의 경쟁구도에서 밀리게 되었고, 한국의 기업과 제품이 '한류寒流', 즉 차가운 기운으로 받아들여진 것이다. 그러나 이후 한국의 드라마와 대중가요가 대만에서 큰 인기를 얻기 시작하자 '한국 대중문화의 유행'이라는 의미로 보편화되었다.

중국에서는 H.O.T의 노래와 춤에 열광하는 일부 베이징의 젊은이들을 '한 무리의 한국 대중문화 마니아mania'라는 뜻에서 '일진한류一陣韓流'라는 말을 사용했다. 그러면서 일본의 대중가수들을 좋아하는 젊은이들과 함께 한국 대중가요의 유행을 두고서 동쪽에서 불어오는 태풍이라 하여 '동영열풍東瀛熱風'이라고 했다. 이런 의미에서 당초 중국에서 사용한 '한뤄우'라는 말은 지금 우리가 보편적으로 사용하는 '한류'와는 다른 의미를 지니고 출발했지만, 결국 '한국 대중문화의 열풍'이란 의미로 재해석되었다. 그 결정적인 계기는 1999년 한국의 문화체육관광부에서 아예 제목을 '한류'라고 붙인 한국 대중음악 홍보용 CD를 제작하면서 그 CD의 중국어판에 '韓流 – Song from Korea'라는 제목을 붙인 데에 있다. 이후 국내에서 '한류'란 용어는 앞에서 밝힌 바와 같이 한국 대중문화의 열풍이란 의미로 사용되기 시작했다.

다양한 의미로 해석되는 '한류'의 가장 중요한 의미는 아시아뿐만 아니라, 유럽과 중남미까지 그 영역을 넓혀가고 있다. 이것은 한국의 대중문화가 전 세계로 뻗어나가 한국 대중문화의 세계화를 가져오게 되었다는 데 있다.

2) 대중문화의 관계에서 본 한류

'한류' 이전 아시아의 대중문화는 미국의 할리우드Hollywood식 영화와 팝음악, 그리고 일본 드라마나 가요 등이 주를 이루고 있었다. 그러나 지금은 아시아의 여러 지역에서 한국의 드라마와 가요를 중심으로 그 영역을 넓혀가고 있다. 드라마, 가요 이외에도 한국의 패션, 음식 등과 같은 모든 영역이 한류의 바람을 타고 아시아 전체로 퍼져 나가고 있다. 이와 같이 '한류'가 빠른 시간 내에 대부분의 아시아에서 대중문화의 주류를 이룰 수 있었던 이유는 무엇일까? 여기에는 '아시아'라는 동질한 문화의 힘이 작용했다고 볼 수 있다. 한류의 대중음악과 드라마에서는 대부분의 아시아인들이 수용하고 공감할 수 있는 아시아적 감성이 분명히 있다는 것이다.

'한류'는 보다 구체적으로 말하자면, 한국 드라마 〈사랑이 뭐길래〉가 1997년 중국 CCTV에서 방영되어 외국 드라마 방영사상 최고의 시청률을 기록하면서부터 비롯되었다. '한류'라는 용어는 2000년 2월 H.O.T의 베이징 공연 때 중국 언론들에 의해 처음 사용되기 시작하였고, 이 용어는 중국, 일본, 대만, 홍콩, 베트남 등 동남아시아에서 유행하는 한국 TV 드라마, 가요, 영화 등 한국 대중문화의 열기를 지칭하는 말로 정착되었다. 한류를 보다 적극적으로 '한류열풍'으로 표현하는 경우도 있다. 애초에 '한류열풍'은 1990년대 후반부터 중국을 위시하여 대만, 홍콩, 베트남 등의 주민, 특히 청소년 사이에서 번지고 있는 가요, 드라마, 패션, 관광, 영화 등 한국 대중문화를 향유·소비하는 경향을 말한다.

따라서 한류는 1990년대 후반 중국에서부터 일기 시작하여 일본, 대만, 홍콩, 베트남 등 동아시아 여러 지역으로 확산되고 있는 여러 장르의 한국 대중문화를 향유하고 소비하는 경향을 뜻한다. 이를 소비하는 수용자들의 열기가 이전에 비해 열풍으로 불릴만큼 뜨겁고, 지속적으로 이어지고 있는 현상인 것이다. 1988년 서울올림픽을 계기로 공산권 국가들과의 수교가 이루어지면서, 외국여행이나 해외에서의 기업활동을 세계 어느 곳에서나 펼칠 수 있게 되었다. 더욱이 중국, 베트남, 러시아 등의 지역에서 이루어진 개방정책과 경제적 발전은 우리가 의도하지 않아도 그들 스스로 한국상품을 소비하는 경향으로 이어졌다. 그 결과가 한국 대중문화의 선택과 소비로 나타났다. 특히 2004년에는 한국의 대중문화가 그 동안 아시아라는 특정한 지역적 경계를 뛰어넘어 범 아시아적인 유행상품이 되었다. 그중에서도 일본에서 선풍적인 인기를 끈 TV 드라마 〈겨울연가〉와 〈대장금〉, 그리고 한국과 아시아를 대표하는 대중가요 가수 '비', '보아' 등의 활약은 한류의 열풍보다 더 강한 열기와 바람을 가져왔다. 결국 2005년 말, 한국의 대중문화는 한류라는 이름으로 중국, 일본, 홍콩, 타이완 등 동북아시아 지역과 베트남, 태국, 미얀마, 라오스 등 동남아시아 지역, 그밖에 요르단, 몽골, 우즈베키스탄, 러시아, 멕시코까지도 한국의 대중문화가 광범위하게 보급되었다.

3) 한류의 진화과정

'한류문화산업포럼'에서는 한류의 진화과정을 크게 3단계로 구분하고 있다.

한류 1.0시대

1990년대 후반부터 중국과 동남아시아에서부터 시작하여 아시아권에 확산된 한국의 대중문화에 대한 관심과 열기의 시대를 말하며, 이 시대에는 드라마와 대중음악이 중국과 일본을 중심으로 다르게 전개되었다. 중국에서는 1997년 한국 드라마 〈사랑이 뭐길래〉가 역대 수입 외화 사상 시청률 2위를 기록하고, 2000년 댄스그룹 'H.O.T'의 베이징 공연이 성공적으로 개최되었다. 일본에서는 2000년 영화 〈쉬리〉가 관객 200만 명을 동원하고, 2003년 드라마 〈겨울연가〉가 방영되어 최고의 인기를 누리게 되었다. 2004년 대만에서 〈대장금〉이 방영된 이후, 전 세계 62개국으로 수출되면서부터 한류확산에 불을 붙였다. 그러나 이와 같은 한류확산의 반작용으로 중국과 대만, 일본 등지에서 반反 한류, 혐嫌 한류가 등장하는 등 여러 가지 문제점들이 나타나기 시작했다.

한류 2.0시대

2006년 이후 잠시 쇠퇴기에 접어든 한류는 다시 노래, 춤, 비주얼 등을 갖춘 실력 있는 가수들의 등장으로 다시 불붙기 시작했다. 댄스 그룹인 '동방신기', '빅뱅', '카라' 등이 일본에서 데뷔를 하게 되었다. 2009년에는 걸그룹 '원더걸스'가 미국에 진출하여 싱글앨범 'Nobody'가 빌보드 핫 100차트에서 76위를 기록하였다. 2010년에는 걸그룹 '소녀시대'가 일본에서 데뷔를 하게 되고, 2011년 프랑스에서 성공적인 공연을 하게 되면서 '케이팝'은 아시아뿐만 아니라, 미국과 유럽에 알려지게 되었다.

'케이팝'은 유튜브, 페이스북, 트위터 등을 통해 유럽, 미국, 남미 등 전 세계로 확산되었고, 이와 더불어 한국형 뮤지컬, 공연, 비보이, 온라인게임 등 대중문화와 한국의 역사, 전통문화, 음식 등도 함께 알려지

LG전자가 독일 베를린에서 열린 유럽 최대 가전전시회 'IFA 2011'에서 LG 시네마 3D 스마트 TV의 'K-POP Zone' 서비스를 통해 한국문화를 관람객들에게 소개하고 있다.
자료: © A1candidate(위키피디아 ⓞ, ⓘ)

게 되었다.

한류 3.0시대

2012년 유튜브를 통해 소개된 가수 싸이의 〈강남스타일〉로 전 세계가 '한류'에 열광하게 되고 이를 기점으로 해서 한국의 대중문화를 넘어서 한국문화의 전반으로 확산되어 발현되는 '신한류', '경제한류'가 나타난다. 한층 업그레이드된 고급식당으로 자리매김한 '음식한류', '카페베네', '파리바게뜨' 등 유럽과 남미에 확산되고 있는 '프랜차이즈 한류', 1,000만이 넘는 외국 관광객을 유치하는 '관광한류', 전통적인 미를 독창적으로 재해석한 '패션한류', 이외에도 '의료한류', '스포츠한류', '출판한류' 등 다양한 분야에서 한류의 바람이 불고 있다.

4) 한류의 문제점과 전망

동아시아를 중심으로 엄청난 파급효과를 가져온 한류는 일부 국가 사이에서 반한류나 혐한류 등 우리나라를 견제하기 위한 다양한 역풍들이 생겨났으며, 초기 확산속도에 비해 한류의 파급력은 점차 느려지게 되었다. 이러한 반한류나 혐한류는 한류가 가지고 있는 여러 가지 문제점에 의해서 생겨났다고 할 수 있다. 한류의 문제점을 살펴보면 다음과 같다.

첫째, 한류현상을 하나의 상품으로 만든다는 것이다. 한류가 창출해 낸 부가가치로 국가적으로 경제적으로 많은 이익을 보았지만, 대중문화를 소개하고 보급하기 위한 기업중심의 마케팅 전략은 지나친 상업주의 폐단을 가져왔다. 장기적인 차원에서는 기업과 국가 이미지를 손상시키는 부정적인 결과를 표출할 수 있기 때문에 주의해야 한다. 기업이나 연예기획사에서는 더 좋은 생산적인 문화교류를 위해 노력하고 있지만 여전히 상업주의적 이해관계가 내포되어 있다.

둘째, 경제적 가치로 인해 정부가 한류의 문화생산에 개입하게 된 것이다. 정부가 한류 상품의 생산과 유통, 판매과정에 개입하거나 지원하는 상황에 이르면서 한류를 브랜드화하는 움직임을 추진하였다. 이것은 한류를 받아들이는 다른 국가들이 자국 내 한류확산에 대한 경계와 긴장감을 낳게 했고, 당연히 역효과를 가져왔다.

셋째, 문화제국주의적인 논리를 가져온 것이다. 한류는 새롭게 부상하는 한국의 세계화에 대한 상징이며, 아시아의 문화적 다양성 차원에서 가치 있는 문화자원으로 긍정적인 성격을 지닌다. 다만 세계화된 문화적 자본주의에 편입되거나 하위문화자본으로 재형성되는 국지적 성격도 포함한다. 한류 속에서 지나치게 한국문화의 우수성과 한

민족의 자긍심만 고취시키려 한다면, 오히려 해외에 반한류 분위기를 조성하게 되므로 문화제국주의와 자문화중심주의를 탈피해야 한다.

이와 같이 한류는 우리만의 전유물이 아니라, 소통하는 개념으로 세계와 함께하는 과정을 통해 성장한다는 점을 기억해야 한다. 따라서 한류의 지속적인 발전을 위해서는 문화적 전략이 필요하다.

첫째, 한류는 장기적, 체계적으로 관리되어야 한다. 단기적인 이익보다 장기적인 한류의 가치를 드높이기 위해서 한류의 전략적 관리를 위한 조직의 신설이 필요하다. 즉 한류가 이루어지는 현지에 우리 문화와 관련한 문화홍보원 등을 설치해 적극적인 관리가 이루어지도록 해야 한다. 한류가 이루어지는 과정에서 개입의 차원이 아닌 보충, 지지하는 역할을 정부가 수행해야 한다.

둘째, 문화콘텐츠의 질적인 발전이 필요하다. 단기적인 한류의 확산으로 해외에서는 그들에게 전해진 한류 문화의 한 가지 면만 보고 모두를 한국이라 생각하기도 한다. 때로는 한류스타로 대두된 연예인과 관련된 좋지 않은 소식이 전해진다고 한다면, 모든 한국의 연예인은 다 그렇다고 일반화하기도 한다. 따라서 돈을 벌기 위하여 해외로 가는 것이 아니라, 우리나라의 문화사절단이라는 사명감을 가지고 전하는 내용 하나하나, 말 한 마디 한 마디 모두가 가치 있는 것으로 구성되어야 할 것이다.

셋째, 문화소비에 이어지는 '창구효과'를 꾀해야 한다. 한류는 드라마, 영화 등의 대중매체를 통하여 한국에 대한 관심을 불러일으키며 패션과 미용, 음식과 한글에 이르기까지 다양한 관심과 효과를 창출한다. 이를 통하여 현재 외국어로서 한국어 교육의 수요 역시 높아지고 있음을 부정할 수 없다. 따라서 문화콘텐츠를 통해 창출할 수 있는 창구효과에 유의하여 세계에 한국의 좋은 인식을 심어줄 수 있는 국민적 공감과 노력이 필요하다. 다만 이러한 노력의 단계에서 자민족 중심주의의 탈피는 물론이고, 문화상대주의를 통해 소통하고 화합하는 맥락 속에 한류의 발전을 이룩한다는 태도가 중요하다.

2 아시아에서의 한류

한류가 본격적으로 시작된 것은 1990년대이다. 그 발생 배경은 크게 두 가지로 나누어 볼 수 있다. 첫째, 동아시아 국가들이 문화적 정체성으로 혼돈을 겪고 있는 상태에서 한국의 대중문화가 중국, 홍콩과 일본의 틈새를 비집고, 특히 신세대를 대상으로 인기를 얻기 시작한 것이다. 둘째, 한국의 대중문화가 서구의 세련미와 아시아적 정서 및 가치를 내포하고 있기 때문에 주변 아시아 국가들의 정서와 맞아 떨어진 것이다.

이러한 한류의 시작은 일본에서 상영된 드라마 〈겨울연가〉에서의 배우 배용준의 '욘사마'가 히트를 치면서 시작되었다. 한류는 1997년 한국 드라마가 중국에서 선풍적인 인기를 끈 이래로 다양한 모습으로 변모하며 발전해 왔는데, 그 단계를 보면 한류 1기는 1997년부터 2000년대 초까지로 한류 생성기의 단계이며, 2000년대 초부터 2000년대 중반까지는 한류 2기, 한류 심화기로서 한류드라마가 크게 부각된 시기이다. 한류 3기는 2000년대 중반 이후부터 현재까지로 한류가 문화콘텐츠 수출뿐만이 아닌 한식, 한글 등의 한국 스타일에 관심을 불러일으키는 다양화된 모습을 보인다.

이에 반해 한류영화는 초반에는 한류드라마에 비해서 많은 발전을 가져오진 않았다. 그러나 최근에는 우리나라 배우가 외국작품에 출연하거나, 영화감독이 외국배우들과 함께 영화를 제작함으로써 한류영화의 새로운 방향을 제시함으로써 기대를 주고 있다. 그 예로는 박찬욱 감독의 〈스토커〉, 김지운 감독의 〈라스트 스탠드〉, 봉준호 감독의 〈설국열차〉 등이 있다. 케이팝과 한류드라마의 성공이 뒷받침된다면, 한국영화에서도 충분히 한류열풍이 불 것으로 전망된다.

1) 드라마와 영화

한류드라마·영화가 만든 대중문화

- 드라마 〈대장금〉

한류드라마 〈대장금〉은 드라마 내용뿐만 아니라, 한국의 전통문화를 아시아에 알리게 되었고, 그것이 하나의 문화로 수용되었다.

첫째, 음식이나 요리법이다. 어떤 사람들은 한국음식을 직접 만들어 먹기도 하고, 어떤 사람들은 한국식당을 찾아가 한국음식을 즐기기도 했다. 베이징의 한국음식점들은 이전에 비하여 고객이 1/3 이상 증가하였다고 한다. 고객들은 〈대장금〉의 애호가들이 대다수인데, 한국식당에서는 〈대장금〉에서 언급된 여러 종류

현재 북경에 위치한 '대장금' 식당의 모바일 사이트
자료: http://dachangjin.alltheway.kr

의 음식을 먹을 수 있었다 한다. 손님이 넘쳐서 식당 밖의 소파에서 기다리기도 하며, 종업원에게 음식 이름도 말하지 않고 "〈대장금〉에 나오는 것이면 됩니다"라고만 말하는 사람도 적지 않다고 한다. 둘째, 건강이나 의학으로 〈대장금〉의 주된 소재로 등장한 한의학, 중의학에 많은 관심을 가지게 했다. 중국 사람들은 중의약재와 한방약재를 넣은 자양식품에 대해 관심을 갖게 되었고, 이해하기 시작하였다. 셋째, 한복과 같은 전통의상이다. 〈대장금〉에 등장하는 한복들은 많은 시청자들의 눈길을 끌었으며, 곳곳에서 한식 결혼장면의 재현, 한복 패션쇼 등 한복 관련 행사가 열렸다. 네 번째는 미용 및 화장법으로 〈대장금〉 방영 이후, 주인공 이영애의 아름다운 모습으로 인해 그녀가 사용한 화장품들에 대한 큰 관심이 이어졌다. 특히 '대장금'이라 이름 붙여진 화장품도 등장하여 매우 큰 인기를 끌었다.

- 드라마 〈겨울연가〉

한류가 영향을 미친 아시아 나라들 중 특히 한류의 영향을 가장 많이 받은 나라는 일본이다. 2003년에 일본의 공영방송 NHK가 방영한 한국 드라마 〈겨울연가冬のソナタ〉는 폭발적인 인기를 끌었고, 이를 계기로 한국의 영화와 드라마, 한국 요리를 중심으로 한류 붐이라는 유행어가 만들어졌다. 또한 한국어 강좌를 개설하는 대학과 외국어 학원이 대폭 증가했고, 우리의 일본에 대한 관심 이상으로, 최근에는 한국을 여행하거나 유학하는 일본인들도 일본 내에

드라마의 인기에 힘입어 2009년 일본에서 애니메이션으로 제작된 〈겨울연가〉
자료: http://anime-wintersonata.com

서 자연스러운 현상으로 받아들여지게 됨으로써 한일 문화교류는 이제 선린우호라는 바람직한 레벨로 점차 정착되고 있다고 할 수 있다.

한류드라마·영화가 아시아에 미친 영향

• 한국문화의 상승효과

한류가 가져다준 가장 큰 효과는 한국에 대한 인식을 크게 바꿨다는 것이다. 사실 그동안 한국이라는 나라는 '조그만 나라', '분단국가' 등으로 인식되어 이미지가 긍정적이지 못한 편이었다. 한류 이전에 한국에 대한 정보와 이미지 부족으로 폄하되었던 한국의 국가 이미지가 한류 열풍을 통하여 상승되었고, 이로 인하여 한국제품에 대한 신뢰도 또는 이미지가 함께 상승되었다. 또한 드라마의 주인공 및 배경으로 인해 한국을 바르게 이해하고 한국에 대해서 다양한 정보를 알게 되어 한국에 대한 관심뿐만 아니라, 한국상품의 구매에 매력을 느끼게 되었다.

종교로 인해 타 문화를 수용하기 힘든 이슬람권 국가들, 심지어는 중동국가들도 한류에 적극적인 태도를 보이고 있다. 이들은 한류현상을 소개하면서 한국의 대표 수출품은 김치가 아니라 영화, 음악, TV 드라마 등을 일컫는 '쇼 비즈'라며, 요즘 동남아를 휩쓸고 있는 코리안 웨이브인 한류를 소개하기도 한다(장옥수, 2012).

• 국가 브랜드 이미지 개선

국가 이미지는 어떤 국가 또는 그 나라 국민들에 대해서 사람들이 지니고 있는 일반적인 묘사 혹은 일반적으로 사실이라고 믿는 것으로 정의한다. 구체적으로 보면 특정 국가에 대해 갖는 의식의 총체로서 그 나라의 역사, 정치, 문화, 외교, 경제, 사회, 예술, 스포츠 요소가 복합적으로 작용하여 형성되는 것이라고 할 수 있다.

1990년대 후반부터 일기 시작한 한류의 영향은 기존의 부정적이고 어두웠던 한국의 국가 이미지가 역동적이고 매력적인 국가 이미지로 전환하는 데 크게 기여하였다. 결과적으로 한류는 한국, 한국인, 한국 기업과 제품, 그리고 한국어 등 한국이라는 국가에 대한 친근감과 호감을 증가시켜 국가 전체의 경쟁력 향상에 크게 기여한 것으로 나타나고 있다.

한류에 의한 국가 이미지의 제고에 있어서 한류의 효과를 인지하고 정부와 민간차원에서도 한류를 통한 국가 이미지 개선에 관심을 갖고 있다. 한류를 지속적으로 유지하고 이를 국가 이미지 강화와 연계시키기 위해 문화체육관광부 등 여러 관련 부처에서 '한류지원단'을 구성하였고 민간 자문기구인 '한류정책자문위원회'가 한류를 활용한 국가 이미지 제고방안을 기획하였다. 아울러 과거 국정홍보처는 한류를 통한 체계적인 국가 이미지 제고전력의 추진을 통해 한류스타를 관광 홍보차원을 넘어 국가 홍보대사로 임명하고 한류를 국가 홍보에 활용하기 위해 기업의 해외홍보망과 국가의 홍보라인을 연결한 민관 협력 체제를 구축하였다.

● 한국 전통문화의 전파

중국 내 한류열풍은 또 다른 차원의 문화적 측면에 있어서 한국 전통문화의 전파라고 할 수 있다. 역사적으로 중국인들은 한국인들을 어떤 다른 민족보다도 가장 친근하고 우호적인 민족으로 대하고 있는 것이 사실이다. 중국은 근대에 들어와 일본과는 중·일전쟁으로 장기간 일본의 침략을 받은 적이 있고, 미국과는 대만 문제로 항상 신경을 곤두세우고 있었던 것에 반해 한국전쟁을 통해 짧은 기간 서로 대치하여 전쟁을 하였던 것을 제외한다면 중국과 한국은 국경을 바로 접하면서 두 나라 간의 우호관계를 유지하였다고 볼 수 있다. 비록 개방은 되었지만, 여러 가지 차원에서 제약이 상존하고 있는 중국인들로서는 한국의 드라마를 통해 간접적으로 경험할 수 있는 한국의 전통문화는 매우 친근하게 느껴졌을 것으로 짐작할 수 있다.

● 한류의 경제가치

대한상공회의소는 최근 서비스 제조분야를 대상으로 '한류'의 경제 효과와 한국기업의 활용실태에 대한 설문을 진행했다. 그 결과 응답 기업의 82.8%가 "한류의 확산으로 한국과 한국제품에 대한 우호적인 이미지가 높아졌다"고 대답했다. 그리고 51.9%는 "한류로 인해 매출이 늘었다"고 밝혔다. 한국 가수들이 한국제품의 해외판매에도 결정적인 영향을 끼치고 있다. 한국문화사업교류재단의 조사에 의하면 2010년 한류의 생산유발효과가 4조 9,824억 원에 달했다고 한다. 즉 문화콘텐츠 때문에 한국의 문화에 관심을 갖게 되고, 휴대폰이나 디지털TV 같은 한국상품을 많이 구입하게 된다는 것이다. 결국 한국을 직접 찾아와 관광하게 되는 등 이른바 '다단계 파급효과'를 가져오게 되었다. 실제로 〈별은 내 가슴에〉가 중국에서 한창 인기가 있을 때, 삼성전자가 배우 안재욱을 CF모델로 기용했는데, 그 결과 중국 TFT LCD시장에서 삼성전자가 필립스를 제치고 시장점유율 1위를 차지한 바 있다. 또한 드라마 〈모델〉의 주인공 김남주를 CF모델로 기용한 LG

'드봉'은 베트남에서 세계적인 화장품그룹인 랑콤을 제치고 시장점유율 70% 이상을 차지하였다고 한다. 또 〈겨울연가〉와 〈대장금〉을 보고 한국을 찾아온 관광객이 줄을 이어 드라마의 배경이 되었던 춘천시, 용평스키장 등을 찾게 되면서, 지역경제가 살아나게 되었다. 이와 같이 방송수출의 경제적 효과는 아주 크며, 더불어 한국 드라마의 이미지는 점차 '한국'이라는 국가 브랜드를 밝고 긍정적인 것으로 만들어 가고 있다.

한류드라마·영화의 아시아 열풍 원인

한류는 처음 시작된 중국, 일본, 베트남, 필리핀 등 여러 아시아 국가 등을 통해 큰 인기를 끌고 있으며, 문화방면에서 선두주자를 달리고 있다. 그중에서도 한국의 드라마와 영화가 아시아에서 많은 인기를 끌며 열풍을 일으키는 원인을 다음의 네 가지로 나누어 살펴볼 수 있다.

첫째, 한류영화와 드라마 속에 반영된 우리나라의 대중문화는 아시아 여러 나라들과 '문화적 유사성'을 가지고 있다. 여기서 '문화적 근접성'의 이론이 적용된다고 볼 수 있다. '문화적 근접성'이란 수용자가 미디어를 선택하는 요인을 결정하는 개념의 하나로 문화 간 대중 매체 이용에 영향을 미치는 대표적인 변수이다. 이것은 문화 간 드라마 소비에 있어서 자국의 드라마나 인접 문화권에서 생산된 드라마를 더 선호하는 경우를 말한다. 이 경우 아시아에 유교 문화권이 많고, 아시아에서 가장 많은 인구가 사용하는 한자 문화권에 한국이 속해 있다는 것이다. 한국 드라마가 현실이나 역사에서 선택한 드라마의 소재는 그 내용이 함축하고 있는 문화와 가치관이 모두 아시아 문화권에 속한다. 이것은 아시아 관객이 한국의 영화나 드라마를 친밀하게 받아들이도록 만들었다. 이런 의식적 동질성이 한국 드라마를 국경을 넘어 아시아 각지에서도 유행하게 하였다. 이와 같이 동질적인 문화를 가지고 있었기에 한류에 대한 아시아인들의 이해도가 높았고, 영화와 드라마 속에 반영된 가족주의와 집단주의, 의리, 정, 인연, 한恨과 같은 것들이 아시아인들에게 작용할 수 있었던 것이다.

둘째, 한국의 영화와 드라마는 '우수한 역량'을 가지고 있다. 영화와 드라마는 필수적으로 좋은 배우가 있어야 하는데, 지속적인 한류의 열풍에 힘입어 능력이 뛰어난 많은 배우들이 양성되고 있다. 그래서 한국의 배우들은 보다 세련되고 서구화된 춤과 의상, 무대매너를 갖추고 관객들에게 나섰을 때, 자연스럽게 사람들의 관심을 끌 수 있었으며, 짧은 시간 동안에 엄청난 인기를 얻을 수 있었다. 또한 한국 드라마의 빠른 전개, 극의 내용, 패션스타일이 아시아인들의 욕구를 충분히 만족시켰다. 즉 한류는 동아시아 대중들의 기호와 취향에 맞아 떨어졌고, 질적인 우수성을 갖추고 있다.

셋째, 한류영화와 드라마 속에 반영된 우리나라의 대중문화는 '한국 고유의 특성'과 더불어 '세계적 보편성'을 가지고 있어 '개성'과 '친밀감'을 고루 갖추고 있다. 한국 드라마는 생활의 근접성, 평범한 인간적 정서로의 접근, 인물의 세부묘사, 풍부한 이야기, 굴곡 있는 줄거리, 극적 요소 강화, 배우들의 다채로움 등을 갖추고 있다. 당대 한국 드라마는 민족적 특색이 강하고, 작품에 한국의 맛을 충분히 넣음으로써 많은 아시아 관객들을 그 드라마에 몰두하게 만들고 있다. 한국인들의 민족성은 일본보다 외향적이며, 이러한 민족성이 텔레비전 드라마에 그대로 녹아 있어 아시아 관객들이 받아들이기 훨씬 쉽다. 그래서 1970~1980년대에 중국에서 널리 유행한 일본의 드라마와 영화가 1990년대 한류의 본격적인 진입으로 인해 후퇴하게 된 것이다. 이와 같은 것을 예를 들어 설명하자면, 〈콩쥐팥쥐〉와 같은 전래동화는 한국의 특수성을 가지고 있으면서 〈신데렐라〉와 같은 세계명작동화와 그 서사적 원형을 같이 하기 때문에 세계적 보편성도 가지고 있다고 할 수 있다. 자국의 특수성과 세계적 보편성이 내재된 문화콘텐츠는 특수성을 통해 수용자들에게 낯선 호기심을 유발하고, 세계적 보편성을 통해 수용자들에게 익숙함과 안정감을 제공한다. 이런 특성 때문에 세계적 보편성이 높을수록 한 나라의 문화상품이 다른 나라로 수출될 때, 나라 간의 문화적 차이로 인한 가치가 떨어지는 현상인 문화할인율이 낮아지고, 국가 간 진입 장벽도 낮아져 문화콘텐츠를 보급하기 쉽다.

넷째, 한류를 일으킨 한국의 영화와 드라마는 '유쾌함'과 '오락성'을 가지고 있어서 아시아인들에게 흥미를 느끼게 하고 호감을 얻는다. 한국 드라마는 강하게 시청자를 끄는 힘을 가지고 있으면서 오락성이 비교적 높다. 한국 드라마는 공통적으로 힘 있는 이야기 구조를 갖추고, 복잡한 인물관계와 극적 모순 속에서 인물의 성격을 묘사하며 인물의 운명을 보여주는 것에 능숙하다. 이와 같이 장르의 구성 요소 중 희극성과 유머감각을 사용하는 것에 정통하다는 것이 한국 드라마가 아시아에서 크게 인기를 끈 또 다른 주요 원인이다.

한류드라마·영화의 문제점 및 대책

한류드라마와 영화는 그 인기만큼 많은 문제점을 가지고 있다.

첫째, 같은 배우, 같은 스토리라는 점이다. 특정 한류스타에 대한 의

존도가 지나치게 높아 한류스타로 급부상한 배우들은 'ㅇㅇㅇ가 등장하면 먹힌다'는 공식과 같이 자신의 스타 파워를 드러내고, 심지어 애초에 몇몇 한류스타를 캐스팅해 놓고, 국내 흥행보다 해외 수출을 노리는 드라마도 아주 많다. 역할에 맞지 않는 무리한 캐스팅과 과도한 설정은 드라마의 질을 떨어뜨리며, 이미 해외 시청자들은 끊임없이 등장하는 같은 얼굴에 싫증을 느끼게 된다. 캐스팅과 더불어 천편일률적인 스토리도 문제점으로 지적된다. 외국인들에게 한국 드라마하면 떠오르는 내용이 무엇인지 물으면 어김없이 '출생의 비밀'과 '삼각관계'를 꼽는다. 주인공이 불치병이나 기억상실증에 걸리는 경우도 비일비재하다. 분명 이런 설정은 드라마를 보게 만드는 흥미 요소라고 할 수 있지만 되풀이되면 그 효과는 반감된다. 한류 콘텐츠를 즐기는 이들은 멜로 일색을 벗어난 다양한 드라마를 원한다. 판에 박힌 스토리와 독창성 없는 사랑이야기는 한류 소비자들의 높은 안목을 만족시키기 어렵다.

둘째, 일본의 한류 소비자 연구에서 '한류에 대한 부정적 의견 및 경계심'을 반한류, 즉 혐한류라고 정의하며, 이러한 한류를 싫어하는 '혐한류' 현상이 일본을 시작으로 속도를 내고 있다는 것이다. 특히 중국에서는 한국 콘텐츠가 큰 인기를 끌자 한국 연예인들에 대해 성형미인이라고 폄하하며, 인신공격성 기사를 실었다. 드라마 제작자들은 한국 가요와 드라마의 방영 제한을 요청하는 등 한류를 깎아내리려는 시도가 다수 있었다. 또한 대만, 태국 등의 언론들은 한류스타 비하 기사, 한류 관련 허위 기사 등 반한류성 기사를 다수 게재했다. 이러한 반한류 원인으로는 상업성을 내세운 한류마케팅, 에이전트의 반발을 불러일으키는 수출 가격, 정치나 외교적인 이유로 한국을 싫어하게 된다. 이것은 문화제국주의 이론에 근거하여 상대국의 문화가 침투하여 자국의 문화를 말살시키고 종속시키려 한다는 생각 때문이다. 게다가 반한류, 혐한류는 단지 한국 연예인들을 비하하는 것에 그치지 않고 한국이나 한국인에 대한 이미지를 추락시키고 왜곡된 인식을 가지게 한다는데 문제의 심각성이 있다.

셋째, 한류를 위한 정책의 부족이다. 정부예산이 부족하고 한류를 지원하는 전문협의회가 없으며, 글로벌 현지화 전문 인력자원도 부족하다. 또한 한류 확산을 위한 중장기적 전략 및 제도도 미흡하여 한류의 현상을 파악하고 국가적으로 기업과 정부가 어떻게 한류전략을 추진할 것인지에 대한 계획 또한 부족하다. 한류 콘텐츠의 확산과 기능강화를 위하여 해외진출의 지원과 해외유통 분야의 전략도 부족한 실정이다.

마지막으로 가장 큰 문제로는 해외불법유통의 성행이며, 이것을 대처할 방안이 없다는 것이다. 이러한 상황 속에서 중국과 일본 등 주요 한류 소비국에서는 한국 드라마와 영화는 주로 불법 DVD나 불법 다운로드로 소비되고 있어 실질적인 수익은 미흡하다. 베트남이나 동남아시아 등 타 지역에서도 한류의 붐이 일본 못지않게 활성화되고 있지만 드라마, 영화 등의 불법복제가 심각한 상태이다.

한류를 지속적으로 유지, 확산시키기 위한 방안으로서 한류의 원천인 문화콘텐츠의 경쟁력을 한층 더 강화할 필요가 있다. 일반적인 한류보다는 상호적인 문화교류로 접근하여 반한류정서에 대응해야 한다. 한국 정부에서는 한류지원협의회를 운영하고 기초 문화예술을 지원 및 확대해야 하며, 한류 확산을 위해 쌍방향 교류를 확대하고 극장 방송 등 유통분야의 해외진출을 지원해야 한다. 불법유통의 성행으로 콘텐츠에 대한 저작권보호를 강화, 한류 콘텐츠의 강화, 한국 브랜드 향상, 미국시장 진출 등 색다른 전략이 필요하다. 또한 한류를 바라보는 시선도 조금 달리할 필요가 있다. 한류를 한국문화의 전파와 소비국과의 문화적 동질성을 확립하는 과정으로 이해한다면, 이에 한류확산의 단계를 콘텐츠의 진출인 새로운 문화 트렌드의 전이에서 콘텐츠의 소비인 현지 문화와 접목 가능성 확인, 새로운 소비문화 생성인 문화의 공감, 현지 문화화 혹은 문화의 일반화인 문화의 일체감 형성, 지속적 콘텐츠 진출인 문화교류의 여건조성으로 정리할 수 있다. 이렇게 볼 때, 최근의 한류는 콘텐츠의 소비단계에서 이제 막 새로운 소비문화를 생성해 가는 단계라고 할 수 있다.

콘텐츠의 차별화를 통해 그 안에 풍부한 우리 문화적 취향과 특성을 담아 양질의 콘텐츠를 생산하고 지역적 확대와 양적 확대를 통해 지속적인 수출 시도와 함께 문화콘텐츠 수출의 효과를 타 산업, 즉 관광이나 일반상품 마케팅, 국가브랜드 향상까지 연계시켜 마케팅 전략을 고도화시켜야 한다. 글로벌 한류스타를 발굴하고, 한국적인 것에 기반을 둔 콘텐츠를 제작하는 스타 제작자들이 아시아 프로젝트와 글로벌 프로젝트를 주도하는 모습이 '포스트 신한류' 혹은 '차세대 한류'의 모습이라 할 수 있다.

이제 한류는 일방적인 비즈니스가 아닌 상호 간의 관계 형성과 쌍방향으로의 중심 이동이 필요하다. 특히 한류의 경제적 가치에 과도하게 집중하는 것은 소비국의 반발을 초래하는 원인이 된다. 앞으로의 한류는 소비국의 문화적 정체성, 문화적 가치, 정서적 동질감 등에 대한 이해와 고려가 바탕이 되어, 상호 간의 문화적 자존감을 지켜주는 방향으로 나아가야 할 것이다. 결국 한류는 한국의 문화를 해외에 알리는 것과 함께 주요 소비국인 아시아, 그리고 세계문화와의 동질성을 찾아가는 과정인 것이다.

따라서 진정한 한류는 타문화를 바르게 이해하고 애정을 갖는 동시에 한국의 문화적 우수성을 다른 나라 사람들에게 좋은 이미지와 동경을 심어주어 문화에만 그치는 것이 아니다. 대신 문화를 초석으로 '메이드 인 코리아'의 모든 것들이 수혜라고 생각하며 상품, 기업, 문학, 사람 등 모든 분야에 엄청난 상승효과를 가져올 수 있도록 한류를 글로벌한 시각에서 지키고 발전시켜 나가야 할 것이다.

2) 만화와 게임

아시아에서의 만화와 게임의 위상

한국에서 만들어진 게임과 만화는 그 위상에서 공통점과 차이점을 알기 쉽게 드러내고 있다. 첫째는 어느 쪽이든지 간에 국내에서 서브컬처sub-culture로써 문화적 위치를 차지하고 있다는 점이다. 둘째는 그들의 실제적인 영향력에 대해서이다. 한국게임과 만화의 세계화에 대해 문화콘텐츠별로, 그리고 지역별로 나누어 이해할 필요가 있다.

한국의 문화콘텐츠의 세계화를 한류라고 한다면, 한류에서 가장 큰 영향력을 갖고 있는 것은 게임이다. 한국콘텐츠진흥원의 2013년 통계에 따르면 일반적으로 한국의 방송, 신문 등 언론에서는 한국음악(대체로 케이팝)이나 드라마 등의 효과를 종종 높게 평가하고 하지만, 실질적으로는 한국의 문화콘텐츠 수출의 50%가 넘는 수준을 게임이 차지하고 있다고 한다. 수출액만을 갖고 문화의 확산성 수준을 평가하는 것은 한계가 있겠지만, 현실적으로 가장 인정할 만한 현실적인 근거를 갖고 있는 것이 수출액이다. 다른 항목과도 압도적인 차이를 보이는 만큼 인정하는 것이 현실적으로 타당하다. 반면, 만화의 비중은 0.4%에 지나지 않아 53.2%나 차지하는 게임과 가장 극단적인 차이를 보이고 있다. 이는 사실상 한국만화가 외국에서 극히 일부만이 통하고 있다는 것을 의미한다.

지역별로 분석해 보면 게임이든지, 만화든지 간에 아시아 지역이 가장 비중이 크다. 게임은 특히 그 경향이 더 심해서 2011년 기준으로 세계에서 아시아 지역의 한국게임의 수출액 비중이 83.6%에 달하였다. 만화는 2011년 기준으로 세계에서 아시아 지역의 한국게임 수출액 비중이 57.7%이다. 게임의 경우 아시아 83.6%에서도 일본, 중국 두 국가가 거의 70% 가까이를 차지하고 있어 그 집중도가 매우 크다는 것을 알 수 있다. 만화의 경우 역시 일본만으로 40%에 달한다. 2011년 한국게임의 전 세계 수출액은 약 2,378,078,000달러이며, 만화의 전 세계 수출액은 17,213달러로 문화콘텐츠 수출 비중에서 보이듯 큰 차이가 난다(한국콘텐츠진흥원, 2013).

아시아에서의 한국게임과 만화의 전망

게임을 몇 가지 기준에 따라 구분하면, 온라인게임, 모바일게임, 비디오게임, PC게임, 아케이드게임으로 나눌 수 있다. 이 중에서 세계에서 급성장하고 있는 것이 온라인게임과 모바일게임이다.

한류의 열풍에도 온라인게임이 중요한 역할을 하고 있다. 한류의 영향으로 중국과 일본은 한국 온라인, 모바일게임의 최대 시장이 되었다. 2002년에는 위메이드WEMADE의 〈미르미르의 전설〉이 중국의 온라인게임 시장의 점유율 65%를 기록하면서 한국게임은 중국에서 매우 폭발적인 인기를 얻었다. 현재는 점유율이 과거에 비해 대폭 감소하긴 했지만, 여전히 한국게임인 〈크로스파이어〉와 〈던전앤파이터〉 등이 많은 인기를 끌고 있다. 이외에도 〈메이플스토리〉, 〈카트라이더〉, 〈배틀필드〉 등과 같은 게임이 인기를 끌고 있다. 한국의 온라인게임 수출 비중은 2011년 기준 96.2%로 거의 압도적인 수준이며, 중국 38.2%, 일본 27.4%, 동남아시아 18%로 중국과 일본에 많이 치중되어 있다. 이와 같이 한국게임은 아시아 지역에서 차지하는 비중이 갈수록 커지고 있다.

만화 역시 게임과 비슷한 상황을 보이고 있다. 만화는 게임이 아시아 지역에 초집중적으로 나타나는 경향보다는 조금 나아서 유럽 지역에도 30%가 넘는 수출의 증가율을 보여주고 있으나 근본적인 규모 자체가 너무 작기 때문에 크게 의미 있는 성과라고 하기 어렵다. 그러나 중국 시장에서는 만화 중에서도 한국 학습만화의 판매가 압도적으로 늘어났다. 2007년에는 『살아남기』 시리즈가 중국에서 100만 부 이상 판매되었고, 학습만화 『WHY』 시리즈는 80여 권 이상의 저작권이 중국에 수출되어 있다.

한국만화는 완제품 수출(단행본 등)보다는 라이선스를 가지고 해외에 나가는 경우가 많은데, 이는 웹툰의 인기와도 연관된다. 한국만화는 통계적으로 그 성장 수준이 눈에 보이기는 하지만, 한류라고 하기에는 미약한 수준에 머물러 있다. 그러므로 만화의 한류를 위해서는 웹툰과 관련한 모바일 앱의 접근성을 용이하게 해야 하며, 다양한 언어로의 번역을 통해 항상 국내 혹은 해외에서도 볼 수 있도록 하는 기술적인 부분의 필요성이 야기된다.

3
유럽에서의 한류

다음은 독일을 중심으로 유럽에서의 한류를 살펴보겠다.

1) 드라마

아시아를 중심으로 활발하게 펼쳐진 것과 달리 한류의 커다란 주류를 이루는 한국의 텔레비전 드라마 시리즈들은, 예를 들어 독일의 방송에서는 상연되지 못했다. 전 세계 약 60여 개국에 수출된 단일 콘텐츠로는 최다 국가 수출 드라마란 기록을 세운 〈대장금〉의 경우 아시아권은 물론 중남미, 아프리카 심지어 몇몇 동유럽국가에서까지 방영하였으므로, 사실상 거의 전 세계권으로 수출된 드라마라 할 수 있다. 그러나 독일의 공영방송 중 하나인 《ZDF》에서는 한국대사관의 청원에도 불구하고, 독일 시청자에게 한국의 드라마가 갖는 정서와 내용이 낯설다는 판단 하에 〈대장금〉 상영을 거절하였다(이영남, 2010). 그도 그럴 것이 한국 역사극의 경우 독일인들에게 역사적 공감대는 물론 한국인들의 정서를 쉽게 이해할 수 없는 점, 또한 방송사의 여건으로 보아 무려 50여 회의 방영을 검증 없이 실시하는 것이 가장 큰 문제였다. 이러한 사건이 있은 후, 독일에서는 한국 드라마 방영을 요청하는 웹사이트나, 이를 소개하려는 블로그가 등장하기도 했다. 독일은 미국의 경우와 달리 한인 거주민들의 수가 영향력을 미치기에는 너무나 부족하며, 한인들의 방송이나 미디어마저 없다. 기본적인 수요층이 없다는 뜻이다. 이처럼 현지의 여건상 쉽게 한국 드라마를 접할 수 있는 기회조차 없는 독일에서 일반 시민들이 한국의 낯선 드라마를 시청한다는 것은 거의 불가능에 가깝다. 그러나 조금씩 젊은이들을 중심으로 마니아층이 형성될 수 있는 가능성은 열려 있다.

따라서 현재의 방식으로 한국 드라마를 독일 및 유럽의 다른 나라들에 알리려는 것은 문제가 있다. 문제는 낯선 문화를 정서적으로 수용하기 어렵다는 원인도 있지만, 오히려 드라마 시리즈를 그들이 받아들이기에는 지나치게 방대한 점이 가장 큰 걸림돌이었다. 현지 시장에 맞게 시리즈의 분량을 줄여 영상의 아름다움으로 재현하는 짧은 단막극 등의 형식이 유럽의 시청자들을 공략하는 방법이 될 수 있다. 이러한 판단의 근거로는 한국영화들의 경우, 낯선 이국적 정서에도 불구하고 상당히 많은 호감을 갖고 있기 때문이다. 즉 문화적 차이와 문제해결을 위한 전략을 다시 구상해 볼 시기이다.

2) 대중가요

한국의 대중가요에 대한 관심은 동아시아에서의 한류만큼이나 큰 것은 아니지만, 점차 높아지고 있는 추세이다. 이미 독일 위키피디아 사전에 한류에 대한 항목에서 케이팝을 소개하고 있으며, 독일 내에서도 상당한 마니아와 애호가들 그룹이 형성되어 있는 것으로 확인된다. 유감스러운 것은 한국의 케이팝을 어떤 독자적인 한국의 음악으로 여기기보다는 일본과 미국의 한국 지배적 상황과 맞물려 서술하고 있다는 점이 아쉽다. 이는 국내의 전문가에 의해 시급하게 시정되어야 할 것으로 여겨진다.

독일의 대중들이 케이팝에 얼마나 관심을 가지고 있는지를 보여주는 사건이 2011년 2월 23일에 발생하였다. 독일의 인터넷 라디오 방송인 'Newcomer Radio Deutschland'에서 밤 10시~12시까지 2시간에 걸쳐 2주 동안 탄 리Thanh Le와 폴 T. Paul T.의 진행에 의해 케이팝이 소개되었다. 이 방송시간 동안 방송국에서는 '페이스북Facebook'을 기반으로 하는 채팅을 함께 진행했는데, 전 세계의 케이팝 팬들로부터 무려 4,500여 건 이상의 의견과 6,000여 건의 편집인들에게 보내진 메일이 수신되었다. 이를 통해 이 방송은 2주마다 일요일 오후 6시부터 두 시간 동안 케이팝에 대한 방송을 개시하였다. 그 반응은 상당히 폭발적이라고 할 수 있다. 이 방송은 전 세계를 향한 '인터렉티브' 라디오 포털로서 음악 비즈니스에서 의견을 받거나 소개하거나 또는 새로운 음악을 제시하는 포털사이트의 임무를 수행하며, 상당한 영향력을 지닌 독일의 음악포털이다.

이런 케이팝의 대중적 인기몰이의 시작을 독일에서 가능하게 한 중심에는 '독일 한류프로젝트Das German Hallyu Project: GHP'가 있지만, 실제는 팬들로 형성된 한 그룹의 힘이 더 컸다. 그들은 독일에 한류와 케이팝을 알리고, 그들이 좋아하는 스타들을 독일에 알리려는 의도를 가지고 결성되었다. 아직 그들의 뜻대로 앞서 논의했던 드라마나 한국의 스타들에 대한 반향은 크지 않았으나, 적어도 케이팝의 분야에서는 어느 정도 반향을 불러일으켰다고 할 수 있다. 이러한 현상을 가능하게 한 것은 무엇보다도 최근 인터넷 문화가 가진 범세계적 소통능력이라고 말할 수 있다. 개별 나라들에서 소개되고 유행되는 어떤 것들이 이러한 매체의 기능에 편승하여 세계적으로 확산되고 있다는 점이다. 특히 '메신저', '유튜브Youtube', 그리고 '페이스북'이나 '트위터Twitter' 등의 프로그램은 이를 매개하는 중요한 통로로 작용한다.

그 때문에 예기치 못한 한국의 대중음악이 수용된 경우도 있다. 그 한 예로 한국의 대중가수 김광석의 노래를 '유튜브'에서 우연히 듣게

'Die Orsons'의 〈가객 김광석〉 뮤직비디오 한 장면

된 독일의 힙합 그룹 'Die Orsons'는 김광석을 추모하며 〈가객 김광석〉이라는 곡과 뮤직비디오를 만들어 발표한 바 있다. 이들의 공식적인 비디오는 유튜브를 통해서 볼 수 있으며, 같은 노래를 또 다른 비디오로 제작한 영상 역시 유튜브를 통해서 볼 수 있다. 그들은 한국의 한 방송국과의 인터뷰에서 "유튜브에서 정말 우연히 찾아 노래를 들었는데 한 마디도 알아들을 수 없었지만, 우리는 김광석의 콘서트를 보고, 그의 음악에 무엇이 담겨 있는지 느꼈다"라고 했다. "우리가 보기에 그는 대단한 예술가이기 때문에 그에게 이 노래를 바치고자 했다"라고 곡 〈가객 김광석〉을 만든 계기를 밝혔다.

그밖에도 한류를 전달할 수 있는 독일 내의 한인들이나 2세, 3세들의 활동도 언급할 수 있다. 1978년 '해변가요제'에서 데뷔하여, 〈여름〉, 〈뭉게구름〉이라는 주옥같은 히트곡을 만들어낸 '징검다리' 출신의 정금화가 그 주인공이다. 재즈와 클래식의 접목을 통해 '훅 온 재즈Hook on Jazz'라는 새로운 음악을 만들어 '킴청 트리오Kim Chong Trio'를 결성하여 유럽의 한류열풍을 주도하였다. 독일 신문 《쥐트도이체차이퉁

Süddeutsche Zeitung》에 정상급 재즈 보컬로 대서특필되었던 그녀는 세계적 재즈 페스티벌 '부어그하우젠Burghausen' 주최 측으로부터 출연 요청을 받는 등 유럽에서 돋보이는 활약을 펼쳤다. '킴청 트리오'의 음악은 바이올린과 첼로 등 클래식 악기를 바탕으로 하고 재즈풍 리듬과 정금화의 리드미컬한 보컬을 더해 클래식과 재즈의 성공적인 하모니를 만들어냈다. 그녀는 한국 가수들의 유럽 진출에 대해서도 긍정적인 반응을 보였으며, "충분히 승산 있다"고 말했다. 다만 선진 국가의 음악을 따라하는 것이 아닌 지극히 한국적인 색깔을 갖는 것이 가장 중요하다고 조언했다. 2007년 4월 21일 본Bonn의 국회의사당 콘서트홀에서 공연을 하기도 했던 정금화는 안타깝게도 2008년 1월 29일 암투병 끝에 별세하였다.

이 밖에도 한류스타는 아니지만 2006년 3월 독일 민영방송 'RTL'의 스타 캐스팅 쇼 '독일은 슈퍼스타를 찾습니다'에서 경합 끝에 준우승을 차지한 한국계 가수 마이크 레온 그로쉬Mike Leon Grosch도 한창 인기를 얻었다. 이 프로그램은 연예계 지망생들을 대상으로 6개월에 걸친 토너먼트를 통해 최종 우승자를 가려내는 프로그램이다. 파독 간호사 출신 어머니와 호주 출신 아버지 사이에서 태어난 그로쉬는 폭발적인 가창력과 뛰어난 무대매너로 내내 1위 자리를 놓치지 않았으나, 최종 한 사람을 뽑는 마지막 대결에서 아깝게 독일인에게 우승을 내주고 말았다. 〈Don't let it get you down〉이란 곡이 대중들로부터 사랑을 받았다.

결론적으로 독일 내에서 한류의 시작을 알리는 서곡이라고 할 수 있는 케이팝은 한국의 드라마처럼 정서적으로 이질감을 낳지도 않고 형식적으로 접근하기에도 어렵지 않다. 그 이유는 케이팝의 내용이 단순한 남녀의 사랑처럼 쉽고 단편적이며, 짧은 시간 내에 영향을 받을 수 있는 특징을 지녔기 때문일지도 모른다. 케이팝에 매료된 유럽의 청소년들은 이후 그들이 좋아했던 스타들의 한국 드라마나 영화를 보려는 잠재적 욕구를 가지고 있다. 유럽에 한류를 알리려는 전략에는 이러한 점들이 고려되어야 할 것이다.

3) 게임과 애니메이션

게임

국내 기업들은 'E3'라고 약칭되는 미국 로스앤젤레스에서 열리는 국제게임쇼 'Electronic Entertainment Expo'나 '도쿄게임쇼' 등 국제게임쇼에 꾸준히 참여하고 있지만, 콘솔게임console game에 비해 사용자층이 두텁지 않은 온라인게임 특성상 큰 주목을 받지 못했다. 그러나 독일에서는 사정이 다르다.

2009년 독일 라이프치히에서 열린 온라인게임행사 '게임컨벤션온라인GCO'에서는 한국 온라인게임이 행사장 절반을 채웠다. 파트너 국가로 초대받은 만큼 전시장 중앙에는 '한국 공동관'이 마련되었다. 엔씨소프트NCsoft, 넥슨NEXON, 엔트리브소프트Ntreev Soft 등 국내 19개 게임사가 자리를 메웠다. 당시 주최국인 독일은 "한국 온라인게임의 창의성과 기술력을 배우고 싶다"며 큰 관심을 보였다. 그렇게 한국 온라인게임은 독일에서 '한류'로 자리 잡았다.

대표적인 게임이 이미르Ymir 엔터테인먼트의 〈메틴 2Metin 2〉이다. 〈메틴 2〉는 한때 유럽 동시 접속자가 8만 명에 달할 정도로 높은 인기를 끌었다. 특히 독일에서는 블리자드Blizzard의 〈월드오브워크래프트World

〈메틴 2〉, 〈실크로드 온라인〉, 〈라스트 카오스〉

of Warcraft〉에 맞설 정도로 단단한 입지를 구축했다. 독일 현지 서비스를 담당한 게임포지Game Forge는 〈메틴 2〉의 성공 이후 다양한 한국산 게임에 눈을 돌리고 있다.

조이맥스Joymax의 〈실크로드 온라인Silkroad Online〉도 성공작으로 꼽힌다. 흔히 실크로드 온라인이 터키에서만 홍행몰이를 한 것으로 알고 있지만, 실크로드 온라인이 서비스되고 있는 180여 개의 나라 중 독일은 매출 상위 국가에 속한다. 특히 2010년 5월 조이맥스가 〈실크로드 온라인〉에 독일어 서비스를 시작하면서, 독일 사용자들의 호응을 얻고 있다. 조이맥스측은 "〈실크로드 온라인〉에 독일어 서비스 추가를 포함한 다국어 서비스가 조이맥스 하반기 매출 실적에 긍정적인 영향을 미칠 것으로 기대된다"고 밝혔다.

바른손 게임즈의 〈라스트카오스Last Chaos〉는 독일 퍼블리셔 가미고가 게임서비스를 시작한 이래 가미고 인기 게임 1위를 놓치지 않고 있으며, 가장 큰 매출을 달성하고 있다. 또한 〈라스트카오스〉는 독일뿐 아니라 유럽 전체에서 성공한 다중접속 온라인게임인 'MMORPG' 중 하나로 꼽힌다. '대규모 다중 사용자 온라인 롤플레잉 게임'을 뜻하는 'Massively Multiplayer Online Role Playing Game'의 약칭이다. 수

십 명 이상이 참여할 수 있는 롤플레잉 게임의 일종으로, 혼자 혹은 두세 명이 즐기는 고전적 롤플레잉 게임과 달리 많은 사람이 동시에 참여할 수 있다.

기본적으로 MMORPG는 스토리와 관련 이벤트가 있다. 게임에 참여하는 사람들은 스토리를 즐기며 서로 대화를 나누고 게임 아이템(게임 속에서 사용되는 재화)도 거래할 수 있다. 참가자들끼리 아이템과 정보를 공유하거나 거래하면서 종료되지 않는 게임을 함께 진행하기 때문에 게임 속 가상현실과 실생활의 현실 간 구분이 모호해지는 경험이 특징적이다. 〈라스트카오스〉는 2009년 기준 유럽지역 단일 게임 100만 회원 수를 기록하며 화제를 모으기도 했다.

엔씨소프트의 〈아이온Aion〉도 인기가 높다. 〈아이온〉은 지난 해 독일 게임쇼 '게임스컴Games Com'에서 최고의 온라인게임상을 수상한 데 이어 북미와 유럽 서비스를 앞두고 북미유럽 사전 통합 판매량 35만 장을 돌파했다. 이 수치는 근래 출시된 온라인게임 중 최대 규모로 알려졌다. 엔씨소프트는 올해 게임스컴에서 〈아이온〉과 함께 〈길드워2Guild war 2〉를 공개하며, 다시 한 번 홍행몰이가 예상된다. 이처럼 한국 온라인게임이 독일 현지에서 높은 인기를 누린 이유는 한국형 비즈니스 모델과 현지화 전략이 주효했기 때문이다. 게임을 즐기기 위해서는 비용을 먼저 지불하고 게임을 구매해야 했던 독일에서 게임은 무료로 할 수 있으나, 게임과 관련되어 있는 부수적인 특별한 아이템들을 구입할 경우 그 비용을 지불하는 거래방식인 한국형 '부분 유료화' 게임은 신선한 바람을 일으켰다.

초이락 게임즈Choirock Games의 〈샤이야Shaiya〉를 서비스하고 있는 아에리아 게임즈Aeria games의 란황Lan Hoang 대표는 《한국경제》 신문과의 인터뷰에서 "돈 주고 구입하는 콘솔게임과 달리 무료로 즐길 수 있다는 점에서 온라인게임의 부분 유료화는 딱 맞아떨어지는 현지화 전략이다"라며, "특히 독일은 게임을 다 이해한 다음에 돈을 쓰려는 신중한 사람들이 많아 부분 유료화로 서비스하는 것이 매우 중요하다"고 말했다. 또한 자국어가 아닌 영어로 게임을 즐기는 데 익숙했던 독일 사용자들에게 현지화된 콘텐츠 및 독일어 서비스를 지원했던 점에서도 좋은 반응을 얻었다.

〈실크로드 온라인〉을 서비스하는 조이맥스뿐 아니라 《NHN》 등 현지에 진출한 많은 한국 업체들이 독일어 서비스를 지원하여 독일 게이머들의 마음을 사로잡고 있다.

〈라스트카오스〉를 서비스하고 있는 가미고 관계자는 "독일인들의 성향이 도전을 좋아해서 경쟁을 즐기며, 애니메이션보다는 현실적인 그래픽과 배경을 좋아한다"며 "〈라스트카오스〉가 이에 부합한다"고 말했다(자료: http://www.betanews.net)

국내 게임 산업 수출 현황과 전망

구분(년)	수출액(천 달러)	증감률(%)
2008	1,093,865	40.1
2009	1,240,856	13.4
2010	1,606,102	29.4
2011	2,378,078	48.1
2012	2,638,916	11.0
2013	2,715,400	2.9
2014(추정)	2,755,209	1.5

자료: 한국콘텐츠진흥원

2013년 국내 게임 수출 규모

게임유형	수출액(천 달러)
온라인	2,445,890
모바일	222,620
비디오	1,925
PC	47
아케이드	44,918
계	2,715,400

자료: 한국콘텐츠진흥원

애니메이션

2003년 11월 EBS에서 첫 전파를 탄 〈뽀롱뽀롱 뽀로로Pororo the little penguin〉는 아이코닉스와 오콘, SK브로드밴드, EBS가 공동투자해서 만든 유아용 애니메이션으로 아기 펭귄 뽀로로, 북극곰, 사막여우, 비버 등이 함께 사는 마을 이야기이다. '뽀로로' 제작팀은 해외 110여 개국가로 〈뽀롱뽀롱 뽀로로〉을 수출했다. 현재 유럽, 남미, 중국, 동남아 등의 어린이들은 '뽀로로 시즌 3기'가 하루 빨리 방영되기를 기다리고 있을 정도로 인기가 있다. 보편적인 감수성과 행동성을 갖고 있는 아이들의 생활을 뽀로로 작품의 주제로 잡았다. 이는 뽀로로가 아이들과 통할 수 있었던 큰 이유이자, 국내외에서 성공할 수 있었던 결정적인 이유였다.

2011년 4월 독일에서는 《TV2》라는 프랑스의 채널을 통해 매주 일요일 뽀로로를 볼 수 있었다. 이에 비해 10~20대를 대상으로 한 〈뿌까Pucca〉는 플래시 애니메이션 캐릭터가 글로벌 패션 아이콘이 된 모범 사례로 꼽힌다. 〈뿌까〉의 제작사인 부즈Voos Character systems는 지난 2003년부터 해외시장에서 마케팅 홍보활동을 펼쳐왔다. 월트 디즈니, 워너브러더스와 같은 세계 메이저 회사들과 에이전트 계약을 맺고 유럽을 비롯해 아시아, 아프리카 등 1백 50여 개국에 진출하는 데 성공했다. 라이선스를 통한 순 매출만 1백 50억 원, 소매매출만 연 5천억 원에 이른다. 이어 2008년에는 남미시장에 진출해 캐릭터 분야 1위를 차지하는 쾌거를 이루었으며, 작년부터는 북미시장까지 공략하기 시작했다. 독일에서도 디즈니 채널을 통해 〈뿌까〉는 매일 7세 이상의 어린이가 볼 수 있도록 권장되어 방영되고 있다.

이처럼 만화와 애니메이션 산업에서도 한류의 유행이 나타나고 있으나, 이를 이어가기 위한 앞으로의 과제도 적지 않다. 업계 관계자들은 "관련 산업의 성장과 기반조성을 위해서는 이를 뒷받침해 줄 수 있는 민간합동으로 전략수립 등 제도적 장치가 필요하다"고 입을 모은다. 한류 열풍에 따른 이른바 '짝퉁' 시장도 광범위하게 생겨남에 따라 이미 진출한 국내 콘텐츠의 라이선싱 관리도 문제로 지적되고 있다. 이에 문화체육관광부에서는 우선 국내 거점인 글로벌콘텐츠센터GCC를 운영해 상시 전담인력을 확보하고 마케팅 및 법률 상담을 지원하고 있다. 추후 관련 협의체와 함께 적극적으로 지원계획을 추진해 나갈 예정이다.

4) 영화

한류를 하나의 미디어 현상Medienphänomen으로 파악한다면, 독일에서는 무엇보다도 영화를 손꼽아야 할 것이다(이영남, 2010). 왜냐하면 영화는 독일인들에게 한국의 대중예술로서 가장 많은 호응을 받고 있으며, 일정한 수준의 관객층을 형성하고 있기 때문이다. 독일인들이 한국영화에 대해 관심을 가지는 것에 비해 한국 드라마에 대해서는 거리를 두고 있다. 이를 살펴본다면, 한류를 기대하는 독일인들의 한국에 대한 기대감이 무엇인지를 알 수 있다. 다음은 독일에서 소개된 한국영화에 대한 반향들이다.

영화에 대한 소개와 평가

지금까지 독일에 소개된 한국영화들을 살펴보면, 홍콩의 액션영화나 일본영화와 차별화된 한국영화들이 눈에 띈다. 이러한 영화들이 각종 해외영화제에서도 주목을 받으면서, 동시에 한국영화에 대한 독일 영화팬들의 관심이 상승하고 있다. 한국영화들이 연이어 베를린 영화제에 초청 받았을 뿐만 아니라 김기덕, 박찬욱, 김지운, 임권택 감독 등이 입상함으로써 한국영화에 대한 평가가 높아지고 있다. 베를린영화제에 한국영화가 초청되면서부터 독일에서 주목을 받아온 김기덕 감독은 한국보다 해외에서 먼저 작품성을 인정받았다. 김기덕 감독의 해외 수상경력이 역설적으로 국내에서 영화를 재평가 받는 계기를 마련하기도 했다. 이는 한국에서는 여전히 김기덕 영화에 대한 찬반의견이 분분한 반면, 독일에서는 작품에 대한 진지한 평가가 이루어졌기 때문이다.

독일 시사주간지 《디 차이트Die Zeit》의 2004년 3월 18일자 문화면에서 앙케 레베케Anke Leweke는 '무서운 영혼Grausame Seelen'이라는 제목으로 김기덕 감독의 작품세계에 대한 기사를 실었다. 영화 〈수취인 불명〉, 〈섬〉, 〈봄 여름 가을 겨울 그리고 봄〉에 대한 간단한 줄거리를 제시하고, 그의 영화에서 반복적으로 표현되는 인간의 폭력성, 죄와 속죄, 군대에 대한 부정적인 의식, 그리고 영화 전반에 깔려 있는 잔혹성을 김기덕 영화의 특징으로 꼽았다. 이는 한국에서 김기덕 감독에 대해 내리는 평가와 큰 차이점이 없다. 다만 눈에 띄는 것은, 이 기사를 긍정적 혹은 부정적인 평가 중 한 가지로 단정할 수 없다는 점이다. 작품에 대해 중립적인 입장을 유지하면서, 영화에 대한 본인의 의견을 기술하였다. 한국에서 쉽게 찾아볼 수 있는 감독에 대한 개인적인 부분을 영화에 접목시켜 비판하고 있지 않다는 점이 다르다.

1955년 구동독에서 창간되어 지금에 이르기까지 독일의 명성 있는 영화잡지 중 하나로 인정받는 《필름 슈피겔Filmspiegel》은 국내외에서 개봉하는 영화 소식과 그에 대한 비평, 그리고 국내외 감독 및 배우들에 대한 보도 자료를 다룬다.

영화비평가 쇼크Flemming Schock는 김기덕의 영화 〈봄 여름 가을 겨울 그리고 봄〉에 대한 리뷰에서 그의 다른 영화 〈사마리아〉와 비교할 때, "비현실적인 장소에서 끝임 없이 반복되는 인간의 죄"에 대해 다루고 있다고 밝혔다. 그는 이 영화가 줄거리에서 계절의 변화에 따라 다섯 가지 각기 다른 에피소드에 담긴 한 인간의 삶을 함축적으로 조명하고 있지만, 결국 모든 사람에게 공통적으로 적용되는 공식 같이 담담한 시선으로 그렸다고 보았다. 표현기법적인 면에서는 아주 느린 카메라 움직임과 초현실적인 연출방법, 그리고 영화에 등장하는 사물들이 갖는 상징적인 의미 등을 특징적인 것으로 꼽았다. 즉 플레밍 쇼크는 이 영화를 '예술영화Kunstkino'라고 칭하면서 전체적으로 긍정적인 평가를 내렸다.

반면, 영화비평가 슐뢰머Thomas Schloemer는 영화 〈빈집〉의 리뷰에서 무엇보다도 대사를 생략한 채, 두 사람의 관계를 표현해 내는 것을 힘든 작업 중 하나로 여겼다. 한 가지 특이한 점은 인물을 묘사하고 사건들을 표현하기 위해 다소 유치하고 동화적인 방법을 취하면서, 전편 영화보다 "유머러스할 뿐만 아니라 인도음악 사용을 통해 인도 발리우드 영화의 모티프를 아이러니하게 표현했다"고 평가한 데 있다.

영화잡지 《필름 씬Filmszene》에 실린 영화 〈활〉의 리뷰에서는 먼저 '활'의 이중적인 은유와 상징에 관심을 보였다. 벨린스키Patric Wellinski는 악기이면서 소녀를 지키는 방어도구로 쓰이는 활은 이전 작품들에서 자주 등장하던 대상물에 대한 은유적인 상징으로 본 작품에도 되풀이된다고 평가했다. 김기덕 영화가 표현하는 멜랑콜리적인 요소는 언제나 그렇듯이 관객들에게 직접적으로 전달되지 않고, 영화가 끝날

때까지 해소되지 않는 궁금증에 대해 어떤 해답의 실마리를 제공하지 않는다. 그러나 관객에게 상이한 해석의 가능성을 제시하는 이러한 불확실한 동화적인 결말이 김기덕 영화의 특징이라고 정의했다.

다른 한편으로 헤넬Cornelis Hähnel은 영화잡지 《슈니트Schnitt》에서 김기덕 영화의 중요한 특징으로 '섹스'와 '폭력'을 들었다. 영화에서 표현되는 이러한 잔혹성은 주인공을 통해 극단적으로 표현되기 때문에 쉽게 이해하기는 힘들다고 하면서, 영화 〈사마리아〉에서는 죄를 짓는 행위와 용서하는 행위를 시각적으로 — 부분적으로는 종교적인 면에서 — 다루고 있다고 평가했다. 이 영화의 소재로 다루어진 원조교제는 물론 한국의 사회적 현상을 반영하긴 하였으나, 이를 현실적인 시각으로만 받아들이기에는 무리가 있다고 썼다.

박찬욱은 독일에서 김기덕과 더불어 한국영화를 대표하는 또 다른 한 명의 감독으로 인정받고 있다. 김기덕과는 성장 배경뿐만 아니라 영화의 소재 및 표현방식에서도 많은 차이를 보이는 박찬욱은 '복수 삼부작'에서 보여준 색다른 작가의식으로 인해 독일에서도 주목을 끌고 있다.

잡지 《필름 슈피겔》에서 슐뢰머는 박찬욱의 〈공동경비구역 JSA〉에 대해서 "정치적인 요소를 스릴러 형태로 풀어낸 유머러스한 드라마"라고 평했다. 남북 간의 통일을 기원하는 감독의 의도가 잘 드러나고 있으며, 한국에서 개봉된 영화 중 〈쉬리Swiri〉를 능가하는 당대 최고 관객 수를 자랑한 영화라고 소개하고 있다. 슐뢰머는 이 영화를 이끌어 가는 드라마틱한 구조적 특징과 등장인물들의 연기력을 긍정적으로 평가하면서 박찬욱을 "장르영화를 만드는 감독"이라고 정의했다. 더 정확하게 말하자면 박찬욱은 "의무적으로 장르영화를 만들고자 하는 감독"이라는 평가를 했다. 그는 스릴러적인 요소와 드라마적인 요소를 조합한 영화를 만드는 감독이지만, 아쉽게도 "자기애적인 면을 많이 영화에 투영한다는 점"은 유감으로 생각했다.

베버Anatol Weber는 《슈니트》에서 영화 〈공동경비구역 JSA〉에 대한 리뷰 기사를 썼다. 그는 이 기사에서 2001년 베를린국제영화제 경쟁부문에 초청된 이 영화에 대해 "인상적인 인텔리와 따뜻함 및 힘을 지닌 최고의 엔터테인먼트"라고 평가했다.

뷔난즈René Wynands는 〈올드보이Old Boy〉에 관한 리뷰에서 다양한 색감의 사용, 꿈과 현실을 구별 짓는 현란한 편집기술, 그리고 극단적인 감정표현을 이 영화의 특징으로 꼽았다. 극단적인 분노, 의심, 사랑, 두려움, 그리고 극단적인 고통은 편집을 통해서 감정적, 미적 극단화로 표현되었다. 영화 속에 녹아 있는 장면들은 함축적이며, 관객으로 하여금 영화의 전개를 재구성하게끔 하는 많은 소재들을 제공하는 영화라고 평가했다.

딘클라Lina Dinkla는 《슈니트》에서 영화 〈친절한 금자씨〉를 전편 '복수 시리즈'의 연장선에서 평가했다. 폭력, 죄와 죄의식, 집단 처형 등의 모티프가 등장하는데, 〈올드보이〉와 다른 점은 〈친절한 금자씨〉에서 '금자'는 별다른 범법행위를 저지르지 않은 채, 억울하게 감옥에 갇히게 되었다는 데 있다. 금자와 함께 집단처형을 도모한 주변 인물들의 행동은 비현실적으로 보이지만, 언제나 그렇듯 뚜렷한 영상언어로 처리되었다고 긍정적으로 평가했다.

독일에서 두 번째로 큰 규모를 자랑하는 뮌헨영화제Filmfest Müchen에서 봉준호 감독의 영화 〈마더〉가 '아리 체이스' 상을 수상했다. 이미 몇 년 전 영화 〈괴물〉로 독일에서 알려지기 시작한 봉준호는 김기덕과 박찬욱을 잇는 한국의 대표적인 감독으로서 자리 잡았다. 영화 〈마더〉는 영화제 수상 전 독일의 주요 도시를 돌며 시사회를 가졌고, 영화제 수상 후 8월 5일 독일 극장에서 상영되었다.

상연형태 – 상영관과 DVD

한국영화가 독일의 시장에 진출한 것은 1980년대 '페가수스' 배급사를 통하여 시작되었다. 당시 배용균 감독의 〈달마가 동쪽으로 간 까닭은〉이 독일에서 개봉되었지만, 큰 성과는 없었다. 이후 2001년 'Rapid Eye Movie' 배급사를 통하여 박찬욱의 〈공동경비구역〉, 김기덕의 〈섬〉 등이 개봉되었고, 2004년 독일의 '3L' 영화배급사는 〈올드보이〉, 〈천년호〉, 〈태극기 휘날리며〉, 〈실미도〉, 〈친구〉, 〈집으로〉, 〈장화홍련〉, 〈아카시아〉, 〈거미숲〉 등 총 9편의 작품을 수입하였다. 2006년에는 이 배급사를 통하여 〈친절한 금자씨〉가 독일에서 상영되는 등 'Cine Magic Asia'라는 프로젝트를 통해서 한국영화의 진출을 도왔다.

독일 '판도라 필름'이 한국의 제작사와 공동으로 제작과 투자를 맡은 김기덕의 영화 〈봄 여름 가을 겨울 그리고 봄〉은 동양적인 선을 주제로 한 아름다운 영상으로 지금까지와는 또 다른 느낌의 작품으로 평가 받았으며, 한국영화로는 최초로 독일 전역의 멀티플렉스 상영관에서 개봉되어 연인원 20만 명이 관람하였다.

한국영화가 베를린영화제 등 세계 3대 영화제에서 작품성을 인정받게 되면서부터 독일 영화시장의 상영관 진출이 더욱 활성화되었다고 볼 수 있는데, 독일의 젊은 영화팬들의 관심이 모아지면서 DVD 출시도 많아지는 추세이다. 2007년 독일 DVD 영화 판매 및 대여시장에 진출한 한국영화는 다양하며 〈쉬리〉, 〈봄 여름 가을 겨울 그리고 봄〉,

〈사마리아〉, 〈천년호〉, 〈빈집〉, 〈섬〉, 〈무극〉, 〈해안선〉, 〈킬러들의 수다〉, 〈친구〉, 〈실미도〉, 〈거미숲〉 등이 있다. 여기서 주목할 사항은 독일 영화시장에 소개되어 온 한국영화는 상영관의 경우 배급사들이 독일연방정부의 영화진흥기금의 보조를 받아 수입하는 경우가 다수 있으며, DVD영화의 경우는 국내 주요 영화제 또는 직접 시장조사를 통해 수입하는 경우가 많다는 점이다. 아직까지 한국영화가 독일 상영관에서 흥행을 거두지는 못하고 있지만, 한국영화의 작품성과 독특함은 인정받고 있다. 따라서 독일 배급사들의 한국영화 관심도는 상당기간 지속될 것으로 보인다. 독일 영화 산업계는 지금까지 중국과 일본이 주류를 이루었던 동양적 액션과 공포영화 영역에 머지않아 한국영화가 그 자리를 차지할 것으로 보고 있다.

〈괴물〉 이후 봉준호의 후속 작품을 기대했던 독일 관객들의 입소문을 타면서 꾸준히 DVD 판매도 증가하고 있는 추세이다. 〈괴물〉을 수입하고 배급한 'MFA+Filmdistribution'는 영화 〈마더〉에 앞서 박찬욱의 영화 〈박쥐〉를 2010년 2월 18일 출시하였다. 두터운 팬을 확보하고 있는 박찬욱의 최신 영화 〈박쥐〉는 국내 영화팬들의 반응과 마찬가지로 독일에서도 영화에 대한 관객들의 호불호가 뚜렷하게 나누어졌다.

이준익 감독의 〈구르믈 버서난 달처럼〉이 제60회 베를린국제영화제 기간에 열린 EFMEuropean Film Market에서 5개국에 선판매되는 쾌거를 달성했다. 독일 및 베네룩스 3국에 대한 판권을 구매한 'Splendid'는 〈쌍화점〉, 〈전우치〉, 〈해운대〉 등 국내 흥행은 물론 글로벌 마켓에서 좋은 성과를 거둬온 한국영화들을 유럽 시장에 꾸준히 소개해 온 대표적인 중견 배급사이다. 영화 〈구르믈 버서난 달처럼〉이 이처럼 해외에서 뜨거운 관심을 받은 이유는, 강렬한 드라마와 아름다운 영상이 담긴 한국의 사극에 대한 관심이다. 또한 〈황산벌〉, 〈왕의 남자〉, 〈님은 먼 곳에〉 등을 통해 해외에 이미 이름이 알려진 그에 대한 강한 신뢰감이 작용한 결과이다. 이처럼 영화제의 필름마켓 활용과 더불어 적극적인 DVD 발매와 TV 방송으로 일부 전향하는 것도 독일에서 한국영화의 대중화를 불러일으킬 수 있는 방법이다.

5) 공연문화

한국 이외 다른 나라들에서 이루어진 '공연예술의 국제교류 활동현황'을 파악하려는 시도가 최근에 있었다. 이는 재단법인 '예술경영지원센터'의 보고서로 2007년부터 조사가 시작되었다. 현재까지 「2008년과 2009년 연구보고서」의 형태로 각각 출간되었다. 그러나 여기서 드러난 데이터들 역시 자료수집경로를 발굴하고, 조사내용을 정착시키는 단계라 할 수 있다. 국제교류를 통합적으로 관리하는 시스템이나 한국의 문화적 인프라가 아직까지 잘 갖추어지지 않은 상태이다. 특히 공식적인 정보수집 경로가 없어 자료수집에 미흡함을 드러내고 있으며, 공연예술단체들의 공연일정과 국제교류에 대한 정보가 자료로 보존되어 있지 않은 경우가 많아 정확한 내용을 파악하기 어렵다. 더구나 이러한 자료들에 대한 분석도 거의 없다. 그럼에도 불구하고 앞서 언급한 보고서는 한국과 독일의 공연예술의 교류현황에 대해 기초적이고 객관적인 토대를 마련해 준다. 즉 보다 과학적이고 객관적으로 접근하게 하는데 기여한다.

이 자료는 국내의 공연예술단체가 해외 각국에서 어떤 공연을 어떻게 했는지에 대한 통계를 보여준다. 특히 본 연구와 관련하여 독일어권 지역에 어떤 공연들이 실제로 이뤄졌는지가 자세하게 나와 있다.

먼저 국내의 공연단체가 2008년을 기준으로 독일어권에서 공연한 건수는 독일 15건, 오스트리아 4건, 스위스 2건으로 총 21건으로 조사되었으며, 이는 미국, 중국, 일본, 영국 다음으로 다섯 번째로 많은 횟수이다. 2009년에는 12개의 공연단체가 15회의 공연을 독일에서 가졌다.

구체적으로 살펴보면, 국내에서 독일적인 내용을 가지고 공연을 준비한 팀들이 독일의 공연에 호응을 이끌어낼 수 있었다는 사실이 주목된다. 특히 국내 고전음악 단체들이나 개인 연주자들의 약진도 눈에 띤다. 그러나 무엇보다도 독일에서 국내의 공연단체들 중 가장 많은 비중을 차지하는 것은 역시 전통예술 분야이다. 물론 정부 차원의 지원과 노력에 의존한 측면이 많지만, 독일인들은 한국의 공연예술에 대한 관심이라기보다는 낯선 이국의 문화를 향유하고 싶은 호기심이 강했다는 해석이 가능하다.

이윤택과 '연희단 거리패'의 〈베를린 개똥이〉

이윤택이 연출한 〈오구〉(1990)는 같은 해 독일 에센에서 공연되었으며, 1998년에 베를린에서도 공연되었다. 1998년에는 〈햄릿〉이라는 새로운 연극도 〈오구〉와 더불어 베를린에서 공연되었다. 1999년에는 그의 독특한 연극론을 인정받아 베를린의 연기 워크숍 강사로 초청을 받는 등 그는 독일 연극계에서도 인정받는 연출자가 되었다. 이후 2008년에는 〈베를린 개똥이〉로 독일의 3개 도시에 한국의 연극을 소개하였다. 한국과 독일 간 연극교류에서 실험적인 작품으로 평가받는 〈베를린 개똥이〉는 이윤택과 알렉시스 부크의 공동제작으로 2008년 11월 9일 독일에서 첫 공연을 성황리에 마쳤다.

'연희단 거리패Street Theatre Troupe'는 이날 독일 연극의 중심지인 베를린 폴크스뷔네 극장에서 한국의 꼭두각시 놀음과 탈춤을 토대로 한 풍자적인 민속극을 공연했다. 베를린 장벽이 무너지고 나서 통일 독일의 상황에 빗댄 〈베를린 개똥이〉는 객석을 가득 메운 현지 관객들로부터 큰 호응을 받았다. 이 작품은 이틀 동안 3회 공연을 하고, 13~14일에는 함부르크의 플리트스트리트 극장 무대에 오른 뒤, 11월 16일~18일에는 독일연방 정치교육센터 주관으로 쾰른에서 열리는 제7회 '자유정치극축제'에서 초청 공연을 가졌을 정도였다.

2008년 초 독일인 알렉시스 부크의 연출로 국내에서 초연된 〈베를린 개똥이〉는 '연희단 거리패'의 레퍼토리인 인형극 〈산너머 개똥아〉를 독일의 신진 작가 마르쿠스 브라운이 통독 이후 독일 상황에 맞게 번안한 작품이다. 이를 이원양 명예교수가 다시 한국어로 번역했다. 〈지하철 1호선〉이 독일의 뮤지컬을 한국적 상황에 맞게 번안한 작품이라면, 〈베를린 개똥이〉는 그 반대의 경우에 해당된다. 이는 한국과 독일 간 문화교류에 있어 큰 의미가 있다.

〈산너머 개똥아〉의 원작은 아기장수 설화를 원형으로 삼아 1989년 제작된 전통인형극 〈꼭두〉(극본 겸 연출, 김경화)이다. 한국의 전통극에 인간과 인형 또는 탈이 동시에 무대에 등장하는 특징을 살렸다. 독일의 인형 제작자 플로리안 로이케가 제작한 스펀지 인형이 출연진들과 함께 무대에 올라 한국 민중극에서 전형적으로 나타나는 냉소적인 효과를 극대화하였다.

이윤택의 작품이 독일에서 이렇게 인정받은 이유는 기존 서양연극과는 다른 독특한 매력 때문이다. 그가 속한 극단인 '연희단 거리패'는 가장 한국적이면서도 현대적인 특성을 가지고 매번 실험적인 연극을 시도하고 있다. 극단의 이름이 말해주는 것처럼 '연희단 거리패'는 실내와 거리에서 자유롭게 공연하며 세계 현대 연극사의 새로운 장을 쓰고 있다.

'사다리 움직임' 연구소의 〈보이첵〉

사다리 움직임 연구소의 〈보이첵〉은 독특하고 창조적인 재해석으로 2001년 초연한 이래 지속적으로 해외에서 공연 요청을 받고 있는 작품이다. 특히 '2007년 영국 에든버러 프린지 페스티벌 객석점유율 1위, 현지 신문의 별 다섯 개 평점에 이어 에든버러 인터내셔널과 프린지를 총망라해 수상자를 가리는 헤럴드 엔젤 어워즈 수상, 2,000여 참가팀 중 400여 팀이 지원을 하고 다섯 팀이 노미네이트되어 최종수상이 결정된 토털 시어터의 베스트피지컬 시어터 수상, 영국 BBC 방송 선정 올해의 에든버러 TOP 10'에 선정되기도 했으며, 그 후 폴란드 Dialog 페스티벌, 런던 마임페스티벌 초청, 대만, 북경올림픽 문화교류 초청, 모스크바에 이어 2009년 1월 뉴욕에 진출하였다. 특히 공연문화의 메카로 불리는 뉴욕에서도 피지컬 씨어터의 전당이라고 할만한 Martison at the Public Theatre에서 매 공연마다 매진사례를 이루며 공연했다는 것은 주목할 만한 일이라 할 수 있다. 올해에도 아시아 투어 및 호주, 유럽 등 세계 각국의 예술 감독과 공연기획자들의 초청 프로포즈를 받고 있다. 독일어권에서는 2005년 스위스에 초청받아 공연한 적이 있다.

이자람의 판소리 〈사천가〉 공연

〈예솔아, 할아버지께서 부르셔〉를 부르던 다섯 살 소녀였던 이자람은 서울대 국악과와 음악대학원을 졸업한 이후 1999년 판소리 〈동초제 춘향가〉를 8시간 동안 최연소로 완창해 기네스 기록에 올랐다. 2005년 올해의 예술상 전통예술부문을 수상했고, 2007년에는 영화 〈가루지기〉의 소리감독을 맡기도 했다. 브레히트의 〈사천가〉 대본을 직접 각색하여 모노드라마 같은 성격의 판소리와 함께 주요 대목마다 등장인물로 변신하며 다양한 모습을 선보였다. 2010년에는 폴란드의 콘탁국제연극제, 시카고의 월드뮤직페스티벌, 로스앤젤레스의 한국문화원에 초청되기도 하고, 2011년에는 미국과 프랑스 국립민중극장과 파리 시립극장에서 〈사천가〉를 공연했다.

재즈그룹 '살타첼로'

'살타첼로Saltacello'는 독일 출신 5인조 재즈 앙상블로서 '도약하다'라는 뜻을 지닌 '살타레saltare'와 첼로를 조합한 이름을 가지고 있다. 1995년 작곡가 겸 피아니스트 페터 쉰들러Peter Schindler가 구성한 그룹이다. 살타첼로의 멤버들은 각자 클래식을 전공하였는데 멤버 중 네 명이 슈튜트가르트 음대 출신이며, 이들 네 명은 세계 4대 실내악 단체인 슈투트가르트 챔버오케스트라 단원이다. 우수한 솔로이스트이면서 세션들이다. 그래서 이들의 재즈와 클래식 음악은 두 가지 중요한 음악적 핵심을 이루고 있다. 각 연주자의 탄탄한 클래식 기본기를 바탕으로 세계의 민속음악과 만나 풍부한 표정을 만들어 나가는 그룹이다. 프랑스 국제음악대회인 TIM에서 베스트 크로스오버 앙상블의 영예를 안기도 했다. 이태리, 프랑스, 독일 등 유럽에서 뿐만 아니라 상해, 대만에서도 활동을 펼치고 있다. 1999년 대만과 한국 예술의 전당에서의 성공적인 콘서트 이후 2000년 세종문화회관 한국 투어, 2002년 1월에는 프랑스 칸느 미뎀에서 가야금 앙상블 '사계'와 더불어 협연했다. 2003년에는 이탈리아와 독일의 여러 음악 페스티벌에서의 초청연주에 이어 10월 대형 독일 투어를 행한 바 있다.

살타첼로의 한국사랑은 남다르다. 그들은 한국의 민요나 악기들에서 영감을 받은 곡들을 작곡하여 9번째 음반을 냈다. 2008년에는 국립무용단과 함께 〈Soul Sunflower〉란 작품을 한국과 독일에서 공연한 바 있다(육현승, 2011). 특히 주목할 점은 이 그룹의 리더인 쉰들러가 2006년 작곡한 한국어로 부른 〈코리아 고 파이팅〉이란 월드컵 응원가이다. 이는 그들이 한국에 얼마나 매료되어 있으며, 한국을 알리고 싶어 하는지 알 수 있는 점이다. 응원가의 가사는 이렇게 시작된다. "우리 이곳에 당신과 함께 있음은, 당신을 향한 믿음 때문이죠. 우리 소망을 가지고 목소리 모아서 희망찬 기쁨 속에 축제를 열어요. 세계인이 주목하는 다이나믹 코리아, 대한민국이여 우뚝 솟아라! 코리아! 고, 파이팅!"

6) 한국문학

문학 역시 대중을 대상으로 창조되며 비록 그 위력이 약해졌지만, 독일의 경우 다른 대중문화보다 여전히 문학을 통해 다른 문화를 접하려는 경향을 유지하고 있다. 이러한 점에서 한국문학이 독일에 수용되는 과정을 살펴보는 것은 본 연구에서 의미가 크다. 한국문학은 2000년을 기점으로 차츰 독일의 독자들에게 다가갈 수 있는 기회를 갖게 되었다. 특히 독일 정부가 2005년을 '한국의 해'로 지정하여, 그해 9월 베를린에서 개최되는 아-태 주간행사에 한국을 포커스 국가로 참여시켰으며, 10월 프랑크푸르트 도서박람회에서는 한국이 주빈국으로 선정되었다. 이로써 한국문학을 독일에 보다 많이 알리는 결정

언어별 번역 작품 통계

구분	소설	시	기타 (수필, 희곡 등)	인문·사회	고전	아동	계
영어	57	28	7	4	21	13	130
불어	44	3	3	1	5	3	59
독어	44	15	2	2	6	4	73
스페인어	26	14	1	–	5	3	49
중국어	77	7	2	4	4	5	99
일본어	24	8	2	4	1	3	42
러시아어	23	4	3	–	5	–	35
덴마크어	–	1	–	–	–	–	1
네덜란드어	3	–	–	–	–	–	3
루마니아어	1	3	–	–	2	–	6
리투아니아어	1	–	–	–	1	–	2
말레이-인도네시아어	–	1	–	–	–	–	1
몽골어	4	1	–	–	1	–	6
베트남어	11	3	2	2	3	3	24
불가리아어	3	–	1	–	2	–	6
에스토니아어	1	–	–	–	–	–	1
우크라이나어	1	–	–	–	–	–	1
세르비아어	3	3	–	–	–	–	6
스웨덴어	9	2	–	–	–	–	11
아랍어	4	3	–	–	–	–	7
이태리어	5	2	–	–	4	–	11
체코어	–	2	1	–	7	–	10
태국어	1	–	–	–	–	–	1
터키어	6	3	–	–	–	–	9
포르투갈어	1	1	–	–	–	–	2
폴란드어	2	1	–	–	1	–	4
헝가리어	4	–	–	–	–	–	4
히브리어	1	–	–	–	–	–	1
힌디어	1	1	–	–	1	–	3
스와힐리어	1	–	–	–	–	–	1
총 30개 언어	358	106	24	17	69	34	

자료: 한국문학번역원 지원사업통계(2001~2010)

적 계기가 되었다.

한국문학을 독일에 알리기 위해서는 한국문학을 독일어로 번역하는 것이 중요하다. 이를 국가적으로 지원하기 위해 2001년 생겨난 한국문학번역원은 가장 핵심적인 기관이라 할 수 있다. 그동안 지원을 통해 독일어로 번역된 도서는 총 73건으로 영어, 중국어 다음의 순위를 차지하고 있다.

앞의 표에서 주목할 점은 불어나 일본어에 비해 독일어로 번역된 책의 수가 더 많다는 것이다. 그 이유는 독일 대중들이 외국의 문학을 통해 그 문화를 이해하려는 경향이 높다는 데 있다. 특히 영어가 통용되는 지역이 독일어권 지역에 비해 훨씬 더 넓고 크다는 것에 비춰 보았을 때, 독일어로 번역된 도서의 수가 영어로 번역된 도서 수의 절반을 상회한다는 사실도 앞선 주장을 뒷받침한다.

한국문학과 한국어에 대한 관심이 증가하는 것은 독일 대학에서 한국학에 대한 관심이 증가하는 데서도 알 수 있다. 현재 독일 대학에는 모두 약 11개의 한국어과가 설치돼 있으며, 점차 늘어날 추세이다. 이처럼 한국문학을 배우기 위한 한국어과의 증가는 한국문화에 대한 점증적인 관심과 독일에서의 호응을 읽을 수 있는 근거이기도 하다.

7) 무형의 문화들

거리 응원제

한국의 거리응원이 이제 세계의 응원문화로 자리 잡았다. 2002년 '한-일 월드컵' 당시 세계를 놀라게 했던 '붉은 악마'의 거리응원이 2006 독일월드컵을 계기로 국제적인 응원문화로 확산되었으며, 또 다

거리응원을 위해 마인강에 설치된 대형 스크린
자료: © doggiesrule04(플리커 ⓢ, ⓘ)

른 '한류상품'으로 한국을 세계에 알리고 있다.

독일 정부와 월드컵조직위원회는 프랑크푸르트 등 월드컵 경기가 열리는 열두 도시에 공식적인 거리응원에 필요한 광장을 만들었다. 대형화면을 보며 응원을 하는 게 한-일 월드컵 때를 그대로 본떴다. 예를 들면, 프랑크푸르트의 도심을 흐르는 마인강에는 강 가운데 대형 스크린 두 대가 양쪽을 향해 설치되었는데, 그곳은 각국 응원단이 특유의 복장을 하고 모여 응원을 펼치는 '거리응원의 메카'가 됐다. 조직위는 또한 베를린의 브란덴부르크문 주변에 결승전이 열리는 '올림픽 경기장'을 33분의 1로 축소한 경기장을 만들었고, 대형 스크린을 설치해 모든 경기를 생중계하였다. 한국에서 축구장이나 야구장 전광판을 이용하여 응원하는 문화를 본뜬 것이다. 경기장 안에서도 한국의 응원방식을 따라하는 모습이 많이 눈에 띄었는데, 독일과 코스타리카의 개막전에서 독일 국가가 연주될 때 독일 응원단이 대형 국기를 펼쳐 들었다. 한-일 월드컵 때부터 본격화된 응원 방식인 '파도타기 응원'도 각 운동장에서 인기를 끌었다. 한국의 산업자원부에서도 '2006 독일 월드컵'을 계기로 스포츠에서 한류마케팅을 적극 추진하였다. 유럽 통합에 따라 시장개척을 확대할 수 있는 기회로 이를 최대한 활용할 계획을 가지고 적극적인 교류에 힘쓴 작은 결과이다.

한식

한식재단의 공식 홈페이지 자료에 따르면, 독일에서 영업 중인 한식당은 베를린에 있는 11개를 비롯하여 전국에 모두 65개가 있다. 이들의 주요 메뉴는 불고기, 비빔밥 등이며, 이외에도 '탕' 종류의 다양한 메뉴들도 있다. 그러나 이들이 주요 고객으로 생각하는 고객층이 현지 독일인인지, 아니면 현지에 거주하는 한국인인지는 불분명하다. 다만, 한식재단이 추구하는 바가 한국의 음식을 세계화하는데 주력하고 있으므로 향후 한식의 세계화에 맞추어 현지 독일인들을 대상으로 해야 할 것이다. 즉 한국음식의 현지 토착화가 필요하다.

그렇다면 독일인들은 어떤 종류의 한식을 좋아할까? 장정자(2010)에 의하면, 주한 독일인들은 주로 고기류가 들어간 음식을 선호하는 것으로 나타났다. 주한 독일인들이 선호하는 한식의 순서는 불고기, 비빔밥, 소갈비구이, 만두, 김치 등이었다. 매운 것을 좋아하지 않는 독일인들이지만 한국의 고유한 음식인 김치에 대한 선호도는 다른 음식들에 비해 높게 나타난 편이다. 특히 김치가 식사로 할 수 있는 주식이 아닌데도 불구하고 선호도 5위에 오른 것은 한국의 전통적인 음식에 대한 독일인들의 관심을 알 수 있는 부분이었다.

국내 텔레비전을 통해 소개된 독일인 도시계획 디자이너 브로벨의 이야기도 흥미를 끈다. 그는 연구실 곳곳에 김치를 담가놓고 있었다. 김치의 종류도 고춧가루를 사용하는 것부터 물김치까지 다양하였고, 직접 밥을 해서 김치를 반찬으로 식사를 하였다. 이처럼 한국인보다 더 김치를 사랑하는 독일인들이 있다는 것은 한식이 독일에 더 널리 알려질 수 있다는 가능성을 뜻한다. 또한 한국관광공사와 농수산물유통센터가 매년 독일의 주요 도시에서 한국음식에 대한 홍보를 하는 것을 감안하면, 한식의 독일 진출을 새로운 문화콘텐츠로 기대해볼 만하다.

참고문헌

강현두 역(1998). 『대중문화와 고급문화』. 나남출판.

강현두 편(1998). 『현대사회와 대중문화』. 나남출판.

김기철(2002). 『아이 러브 뮤지컬』. 효형출판.

김우룡·장소원(2004). 『비언어적 커뮤니케이션론』. 나남.

김주환(2008). 『디지털미디어의 이해』. 생각의 나무.

김주환·한은경 역(1996). 『기호의 제국』. 민음사.

김창남(2010). 『대중문화의 이해』. 한울아카데미.

김창남 편(2004). 『대중음악과 노래운동, 그리고 청년문화』. 한울 아카데미.

김형효(1992). 『구조주의의 사유체계와 사상』. 인간사랑.

노성숙(2002). 「일상의 미학과 아도르노, 실린 곳: 철학」. 한국철학회(Korean Philosophical Association).

루하이보(2007). 중국에서의 '한류': 현황과 미래, 「영상예술연구」, 10, pp.33-59.

류승렬(2004). 『뿌리 깊은 한국사 샘이 깊은 이야기-현대편』. 솔.

문화체육관광부·예술경영지원센터(2009). 「공연예술 국제교류활동현황」(2008년 기준).

박명진(2007). 『문화 일상 대중』. 한나래.

박모 역(1994). 『문화 연구와 문화 이론』. 현실문화 연구.

백선기(1998). 『언론보도와 신화적 인식』. 커뮤니케이션북스.

사이먼 말파스 저, 윤동구 역(2003). 『장 프랑수아 리오타르 포스트모더니즘을 구하라』. 앨피.
소두영(1991). 『상징의 과학 기호학』. 인간사랑.
숀 호머 저, 이택광 역(2002). 『프레드릭 제임슨-마르크스주의, 해석학, 포스트모더니즘』. 문화과학사.
스튜어트 홀(1996). 『스튜어트 홀의 문화이론』. 한나래.
안정남 역(1999). 『야생의 사고』. 한길사.
원용진(1995). 『한국사회와 언론』. 한울.
원용진(2010). 『새로 쓴 대중문화의 패러다임』. 한나래.
원종원(2006). 『원종원의 올 댓 뮤지컬』. 동아시아.
유기환 역(1998). 『문학은 어디로 가고 있는가』. 강.
육현승(2011). 한독 공연예술 교류의 다변화에 대한 소고, 「독일어문학 제52집」. pp.144-148.
윤여복(2012). 『영화로 읽는 동서문학』. 동아대학교 출판부.
윤여복·이수미(2013). 『영화로 읽는 동서문학』. 동아대학교 출판부.
이광래 역(1992). 『구조주의의 시대: 레비스트로스에서 푸코까지』. 종로서적.
이상민(2012). 한류 드라마의 특성과 경쟁력. 「Comparative Korean Studies」, 20, 1, pp.59-84.
이수진·조용신(2004). 『뮤지컬 스토리』. 숲.
이영남(2010). Hallyu und der koreanische Film in Deutschland. 「세계문학비교연구 제30집」. 2010년 봄호.
이영미(1998). 『한국 대중가요사』. 시공사.
이혜숙·손우석(2003). 『한국대중음악사(통기타에서 하드코어까지)』. 리즈앤북.
이화여자대학교 기호학연구소 역(1997). 『텍스트의 즐거움』. 동문선.
이화여자대학교 기호학연구소 역(1997). 『현대의 신화』. 동문선.
임가혜(2012). 한류문화산업이 한·중·일 경제협력에 미치는 영향에 관한 연구. 「동아대학교 대학원 석사학위 논문」.
장 보르리야르 저, 배영달 편(1998). 『보드리야르의 문화 읽기』. 백의.
장 프랑수아 리오타르 저, 이현복 역(1992). 『포스트모던의 조건』. 서광사.
장미선(2012). 한류문화의 실태분석과 발전방안 연구. 「동의대학교 대학원 석사학위 논문」.
장옥수(2012). 한류의 영향에 관한 연구: 아시아지역 문화콘텐츠에 대한 영향을 중심으로. 「숭실대학교 대학원 석사학위 논문」.
장정자(2010). 주한 독일인의 한국음식에 대한 인식 및 기호도 조사. 「숙명여자대학교 전통문화예술대학원 석사논문」. p.33.
전인평(2007). 『우리가 정말 알아야 할 우리 음악』. 현암사.
정재철(2012). 『문화연구자』. 커뮤니케이션북스.
정현 역(1995). 『롤랑 바르트 신화론』. 현대미학사.
제이콥스·노만 편, 강현두 역(1980). 『대중시대의 문화와 예술』. 홍성사.
조주은(1999). Mass/Popular Culture and Kitsch. 「현대미술학 논문집」. p.237.
한국문학평론가협회 편(2006). 『문학비평용어사전』. 국학자료원.
한국콘텐츠진흥원(2013). 「2012 콘텐츠 산업통계」. 문화체육관광부.
한국학중앙연구원. 「한국민족문화대백과」.

Adorno, T.W.(1972). Ästhetische Theorie, 『Gesammelte Schriften』, Bd. 7, Frankfurt am Main: Suhrkamp.
Bocock, R.(ed)(1986). 『Hegemony』. London: Tavistock Publication.
Fiske, J.(1987). 『Television Culture』. London: Metheun.
Fiske, J.(1990). 『Introduction to Communication Studies』. New York: Routledge. pp. 123-124.
Gramsci, A.(1971). 『Selections from the Prison Notebooks』. London:

Lawrence & Wishart.

Hall, S.(1986a). On Postmodernism and Articulation: An Interview with Stuart Hall. 「Journal of Communication Inquiry」. 10(2).

Hall, S.(1986b). Cultural Studies: Two Paradigms, in Collins. R. et al.(eds.). 『Media, Culture and Society』. London: SAGE.

Laclau, E. & M. Chantal(1985). 『Hegemony and Socialist Strategy』. London: Verso.

Li, Sang Gum(2011a). 「The Cultural Image of Korea in German Literature, in: Japan as Represented in the European Media: Its Analytical Methodologies and Theories – In Comparison with Korean Cases」. ed. by Kyoko Koma. Vytautas Magnus Univ. Lithuania. pp.111–129.

Li, Sang Gum(2011b). 「The Reception of Korean Popular Culture in German, in: Reception of Japanese and Korean Popular Culture in Europe」. ed. by Takashi Kitamura and Kyoko Koma and Sang Gum Li. Vytautas Magnus Univ. Lithuania. pp.71–102.

Li, Sang Gum(2012). 「High and Pop Culture in the Age of Cultural Pluralism, in: Reception of Japanese and Korean Popular Culture in Europe」 2. ed. by Kyoko Koma. Vytautas Magnus Univ. Lithuania. pp.53–70.

M. Horkheimer, Th.W. Adorno(2001). 『Dialektik der Aufklärung』. Fischer Verlag. pp.128–129.

Marx, K.(1904). 「Capital」. Chicago: Charles H. Kerr & Co. Ltd.

Marx, K.(1904). 「Preface to a contribution to the Critique of Political Economy」. Chicago: Charles H. Kerr & Co. Ltd.

Marx, K.(1988). Das Kapital. Bd. 1. 「MEW 23」. Berlin. pp.49–52.

Marx, K. & F. Engels(1947). 『The German Ideology』. New York: International Publisher.

Mouffe & Laclau(1985). 『Hegemony and Socialist Strategy』. London: Verso.

Mouffe, C.(ed)(1979). 『Gramsci and Marxist Theory』. London: Routledge & Kegan Paul.

Williams, R.(1958). 『Culture and Society 1780~1950』. London: Chatto and Windus.

Williams, R.(1977). 『Marxism and Literature』. London: Oxford University Press.

Williams, R.(1980). Base and Superstructure in Marxist Cultural Theory. 『In Problems in Materialism and Cultures』. London: Verso.

Williams, R. Keywords(1985). 『A vocabulary of culture and society』. revised ed. New York: Oxford University Press. pp.192-197.

찾아보기

ㅇ

저자소개

이상금(李相金; Li Sang Gum)
부산대학교 사범대학 독어교육과 교수
sgli@pusan.ac.kr

저서
『미완의 아름다움』(2009)
『발트3국에 숨겨진 아름다움과 슬픔』(2010)
『발트3국의 역사 문화 언어』(2011, 공저)
『독일발트문학과 에스토니아문학』(2011)
『독일영상문화』(2013, 공저) 외

원윤희(元允希; Won Yun Hee)
부산대학교 사범대학 독어교육과, 한국해양대학교 강의
wonyunhee@pusan.ac.kr

저서
『혁명이후의 문학』(2009, 공저)
『쉽게 배우는 독일어 문법』(2011, 공저) 외

김경수(金璟秀; Kim Kyung Soo)
부산대학교 사범대학 독어교육과, 영산대학교 강의
endlos96@pusan.ac.kr

저서
『외국인을 위한 퍼즐과 실전으로 배우는 한자성어』(2012, 공저)
『외국인을 위한 퍼즐과 실전으로 배우는 의성어, 의태어』(2012, 공저)

대중문화와 문학

2015년 3월 13일 초판 인쇄 | 2015년 3월 20일 초판 발행

지은이 이상금·원윤희·김경수 | **펴낸이** 류제동 | **펴낸곳** **교문사**

편집부장 모은영 | **책임진행** 김소영 | **디자인** 김재은

제작 김선형 | **홍보** 김미선 | **영업** 이진석·정용섭 | **출력·인쇄** 동화인쇄 | **제본** 한진제본

주소 (413-120)경기도 파주시 문발로 116 | **전화** 031-955-6111 | **팩스** 031-955-0955

홈페이지 www.kyomunsa.co.kr | **E-mail** webmaster@kyomunsa.co.kr

등록 1960. 10. 28. 제406-2006-000035호

ISBN 978-89-363-1468-2(93800) | 값 15,000원

* 저자와의 협의하에 인지를 생략합니다.
* 잘못된 책은 바꿔 드립니다.

KOMCA 승인필